Dr. Doris Wolf

Einen geliebten Menschen verlieren

Vom schmerzlichen Umgang mit der Trauer

PAL

Die Deutsche Bibliothek – CIP-Einheitsaufnahme

Wolf, Doris:
Einen geliebten Menschen verlieren : vom schmerzlichen Umgang mit der Trauer / Doris Wolf. – 9. Aufl. – Mannheim : PAL, 2002
ISBN 3-923614-48-9

Herstellung: C. Bockfeld, Neustadt
ISBN 3-923614-48-9

Inhaltsverzeichnis

Einleitung 7

Teil I: Was wir über den Tod wissen müssen 11

1. Der Umgang mit dem Tod in verschiedenen Kulturen 12

2. Phasen der Trauerverarbeitung 19

3. Wie Kinder trauern 37

4. Die verschiedenen Formen des Verlustes 48

5. Mythen zum Thema Tod 57

6. Tod und Religion 64

7. Die Macht unserer Gedanken 67

Teil II: Konkrete Strategien der Trauerarbeit 74

8. Die Phase des Nicht-Wahrhaben-Wollens 77
   Schock und Verleugnung

9. Die Phase der aufbrechenden Gefühle 85
   Depression und Wut, Schuld, Angst, Einsamkeit, körperliche Reaktionen

10. Die Phase der Akzeptanz und Neuorientierung 143

11. Neues Lebenskonzept 177

Schlußwort 181
Literatur
Organisationen, an die Sie sich wenden können

Widmung

Ich möchte dieses Buch meiner Mutter widmen. Nie habe ich mich ihr so nahe und verbunden gefühlt wie beim Schreiben dieses Buches. Der Tod meines Vaters brach über unsere kleine Familie herein, als ich 10 Jahre und sie gerade 37 Jahre alt war. Wir waren alle überfordert, mit diesem Schicksalsschlag umzugehen. Aus meiner kindlichen Hilflosigkeit heraus, aber auch dem berechtigten Wunsch nach einer glücklichen Familie habe ich ihr oftmals unrecht getan und sie verurteilt. Heute verstehe ich ihren Schmerz und wie sie sich gefühlt haben muß in einer Welt, die sich vor ihren Augen aufgelöst hat. Ich möchte ihr an dieser Stelle für all ihr Bemühen und ihren Kampf danken, uns dennoch eine schöne Kindheit zu gestalten, und sie bitten, mir meine Ungeduld und meinen Zorn zu verzeihen.

Einleitung

Liebe Leserin, lieber Leser,

wir begegnen uns in einem der schwersten Lebensabschnitte Ihres Lebens. Sie haben einen lieben Menschen verloren und sind überwältigt von all dem, was sich in Ihrem Inneren abspielt. Sie fühlen Verzweiflung, Wut, Schuld, Angst und haben eine Vielzahl von körperlichen Beschwerden. Zugegeben, ich hätte Sie lieber auch an einer anderen Stelle in Ihrem Leben getroffen, an der wir gemeinsam hätten lachen können. Doch vielleicht ist diese Stelle jetzt sogar die Stelle, an der Sie mehr Unterstützung brauchen. Vielleicht können wir beide an dieser Erfahrung viel mehr wachsen als an dem gemeinsamen Lachen und der Freude.

Ich weiß, daß ich Ihnen diesen lieben Menschen nicht ersetzen kann. Niemand kann das. Der Tod eines lieben Menschen ist vergleichbar mit einer schweren Operation, der Sie sich unterziehen. Er hinterläßt eine Wunde, die sehr schmerzt und die nur sehr langsam heilen wird. Es wird eine Narbe bleiben, aber Ihr Körper und Ihre Seele können mit ihr leben lernen. Sie können Vertrauen haben, die Wunde wird sich schließen. Sie wird sich schließen, wenn Sie alles dafür tun, daß sie sich schließen kann. Es wird immer eine Narbe bleiben, aber Ihr Körper und Ihre Seele können lernen, mit ihr zu leben.

Ich habe mich entschlossen, ein Buch zum Thema Tod und Trauer zu schreiben, weil ich jeden Tag in meiner Praxis erlebe, wie hilflos wir Menschen bei diesem Thema sind. Der Tod verbindet uns Menschen miteinander, denn jeder von uns wird einmal sterben, aber gleichzeitig trennt er uns auch. Wenn wir einen nahen Angehörigen verlieren, fühlen wir uns meist sehr allein. Keiner kann unseren Schmerz verstehen und nachempfinden. Um uns herum läuft die Welt weiter, als ob nichts geschehen wäre, während für uns die Welt stehen zu bleiben scheint.

Ich selbst wurde schon mehrmals mit dem Tod in unmittelbarer

Nähe konfrontiert. Als ich 10 Jahre alt war, starb mein Vater an Krebs. Ich erlebte, wie hilflos man sich fühlt, wenn man einen lieben Menschen verliert, und ich erlebte die Hilflosigkeit meiner Mutter, mit ihrer Trauer und der ihrer Kinder umzugehen. Wie dankbar wäre ich gewesen, jemand hätte mir damals beigestanden und mir erklärt, was in einem vorgeht, wenn man trauert. Später verstarb der Schwiegervater sehr plötzlich an einem Herzinfarkt, was in mir erneuten Schmerz und auch nochmals viele Erinnerungen an den Tod meines Vaters wachrief. In den letzten Jahren verstarben meine beiden Großmütter, was mich wiederum mit Abschiednehmen in Berührung brachte.

Um Trauer zu empfinden, muß der Tote jedoch nicht zu den nächsten Familienangehörigen gehören. Jeder Mensch, der für uns wichtig ist, den wir in unser Herz geschlossen haben, hinterläßt, wenn er geht, eine Lücke, die für uns schmerzhaft ist und uns Kraft kostet, zu schließen. Ja, sogar der Mensch, den wir hassen, hinterläßt nach seinem Tod in unseren Gefühlen eine Spur.

Ich weiß nicht, ob Ihr Verlust schon viele Monate zurückliegt oder gerade erst vor kurzem eingetreten ist. Ich weiß nicht, ob Sie Ihren Partner, Ihr Kind, Ihren Freund oder Ihre Freundin, Mutter oder Vater, einen Schulkameraden oder Geschäftskollegen verloren haben.

Ich möchte hier nicht so tun, als wüßte ich, wie Sie sich fühlen. Sie sind der einzige Mensch, der wirklich weiß, wie sich Ihre Trauer anfühlt. Trauer ist eine einzigartige Reaktion, die sich bei jedem Menschen anders äußern kann. So kann ich Ihnen nur sagen, daß ich weiß, wie sich meine Trauer anfühlt, und daß eine Zeit kommen wird, in der an die Stelle Ihrer Verzweiflung ein neues Lebensgefühl treten wird. Aus eigener Erfahrung und der meiner Patienten kann ich Ihnen versichern, daß wir Menschen mit der Fähigkeit geboren werden, zu trauern und nach der Trauer zu einem inneren Frieden zu gelangen.

Ich möchte Ihnen mit diesem Buch helfen, Ihre Gefühle und Ihr Verhalten besser zu verstehen und sich in Ihrer Trauer zunächst einmal anzunehmen. Dann möchte ich Sie durch die verschiedenen Phasen begleiten, die jeder vom tiefsten Schmerz bis zu langsam wieder erwachender neuer Lebensfreude durchläuft. Auch Sie können in Ihrem Leben wieder Freude empfinden, lachen und einen neuen Lebenssinn finden, auch wenn dies im Augenblick für Sie unvorstellbar oder sogar sarkastisch klingen mag.

Folgen Sie mir bitte durch dieses Buch. Ich kann Ihnen Ihre Trauer nicht ersparen, abnehmen oder wegnehmen, aber ich möchte Ihnen helfen, Ihre Gefühle, die Sie überwältigen, zu verstehen, zu akzeptieren, und Ihnen Mut machen, daß Sie sie beeinflussen und verändern können. Sie dürfen traurig sein. Ihre Trauer ist normal und menschlich. Ihre Trauer ist ein Teil Ihres Lebens, aber Sie können lernen, mit ihr umzugehen. Sie können lernen, Trauer als eine Aufgabe anzusehen, die SIE bewältigen können.

Haben Sie den Eindruck, unter diesen Umständen nicht weiterleben zu können? Dann geben Sie sich noch eine Chance. Suchen Sie einen Psychotherapeuten auf. Er kann Ihnen die Entscheidung über Leben und Tod nicht abnehmen. Er kann Ihnen aber helfen, die einzelnen Möglichkeiten und Lebensperspektiven, die Ihnen bleiben, noch einmal behutsam anzuschauen. Sie mögen im Augenblick verwirrt und unfähig sein, sie zu erkennen. Mit ihm können Sie offen über Ihre Gefühle sprechen. Sie brauchen sich nicht zu verstecken oder zu verurteilen, daß Sie sich so elend und hilflos fühlen. Versprechen Sie mir, es zu tun. Sie können sich auch gerne an mich wenden, wenn Sie einen Rat möchten. Ich werde Ihnen auf alle Fälle persönlich antworten und Ihnen auch Adressen von Therapeuten zuschicken.

Auch wenn Sie Ihren Partner schon vor mehreren Jahren verloren haben, kann es ein, daß Sie die Phase der Trauer noch nicht überwunden haben. Sie empfinden noch immer heftigen Schmerz, wenn der Name des verlorenen Partners fällt, wenn Sie mit ihm in der Erinnerung verknüpfte Orte aufsuchen oder von ihm träumen. Wenn das, was Sie vor 6 Monaten schmerzte, heute noch mit der gleichen Heftigkeit weh tut, wenn Sie noch immer gleich häufig an den Toten denken, dann ist es hilfreich für Sie, einen Therapeuten aufzusuchen.

Ich schreibe der Einfachheit halber immer nur von dem Verlust des Partners. Damit könnte gemeint sein: der Verlust einer guten Freundin, eines Freundes, der Mutter, des Vaters, eines Kindes, von Geschwistern.

Was erwartet Sie in diesem Buch?

Ich habe dieses Buch in zwei Teile gegliedert. Im ersten Teil möchte ich

Ihnen darüber berichten, wie unterschiedlich verschiedene Kulturen mit dem Tod umgehen, welche Phasen alle Trauernden durchlaufen und welche Mythen in unserer Gesellschaft zum Tod existieren. Ferner erfahren Sie, auf welche Weise sich die Trauer bei Kindern äußern kann, welche Hilfe uns die Religion für den Umgang mit dem Tod gibt und welche inneren Kräfte wir einsetzen können, um mit dem Verlust fertig zu werden. Im zweiten Teil möchte ich Sie durch die unterschiedlichen Phasen Ihrer Trauer begleiten und Ihnen dabei behilflich sein, sich zu verstehen, anzunehmen und die Phasen zu überwinden.

Was kommt nach der Trauer?

Am Ende der Trauer werden Sie sich stärker, reifer und unabhängiger fühlen und besser für kommende Krisen gerüstet sein. In Ihrer Krise steckt auch für Sie die Chance einer positiven Veränderung. Bitte bleiben Sie bei mir und lesen Sie mit mir zusammen dieses Buch. Sie können lernen, Ihren Verlust zu akzeptieren, ohne Ihren Partner zu vergessen. Sie werden wieder ein gesundes, normales Leben führen können, wenn die Zeit dafür gekommen ist. Wieviel Zeit Sie dafür benötigen, können Sie mitbestimmen. Haken Sie sich bei mir unter und wir werden uns gemeinsam auf den Weg machen.

Ihre
Doris Wolf

Teil I
Was wir über den Tod wissen müssen

Eine große Bitte zu Beginn: Auch wenn Ihnen vor Schmerz überhaupt nicht nach Lesen zumute ist, beginnen Sie dennoch damit. Sie werden sich nicht gut konzentrieren können und den Eindruck haben, nichts und niemand könne Ihnen in Ihrer Lage helfen. Lesen Sie dennoch ein wenig weiter - auch wenn Sie dabei weinen. Nehmen Sie das Buch immer wieder zur Hand und lesen Sie ein wenig darin.

- 1 -
Der Umgang mit dem Tod in verschiedenen Kulturen

Wir können dem Tod nicht entrinnen. Er steht am Ende unseres Lebens, zumindest auf dieser Welt. Jede Kultur hat im Laufe der Jahrhunderte ihren eigenen Umgang mit dem Tod und auch damit, ob etwas nach dem Tode kommt oder nicht, entwickelt. Es gibt Beweise dafür, daß sich alle Menschen um einen erlittenen Verlust grämen, wenn auch in unterschiedlicher Stärke. Laut Berichten von Wissenschaftlern, die andere Kulturen und ihre Reaktionen auf den Verlust eines Menschen untersucht haben, gibt es überall kurz nach dem Verlust ein allgemeines Bemühen um die Wiedererlangung der geliebten Person und/oder es wird an ein Wiedersehen nach dem Tode geglaubt.

Schon früh in unserem Leben lernen wir den Umgang mit dem Tod. Wir bekommen mit, wie sich unsere Eltern verhalten, wenn unser Hamster stirbt oder wir die Großmutter oder eine Nachbarin verlieren. Vielleicht hat man uns erzählt, daß man traurig sein muß, wenn jemand stirbt, daß man schwarze Kleider trägt, daß der Tod Gottes Wille ist, daß es ein Weiterleben nach dem Tod gibt, daß man nicht weinen darf und stark sein muß, daß man nicht über den Tod reden darf, daß der Tod nur andere betrifft, oder daß wir in den Himmel oder in die Hölle kommen, usw. Alles in allem bietet unsere westliche Kultur keine allzu große Unterstützung, wenn es um den Tod geht.

Bis zum 18. Jahrhundert war der Tod noch Bestandteil des Alltags. Auf dem Friedhof vor der Kirche wurden Gerichtsversammlungen abgehalten, Krämer stellten dort ihre Stände auf und man sah beim Vorbeigehen die Gebeine der Toten liegen. Totenschädel wurden sogar als Schmuckstück auf dem Schreibtisch benutzt. Erst Ende des 18. Jahrhunderts veränderte sich der Umgang mit dem Tod. Der Friedhof wurde vor die Stadt verlagert, der Tod wurde zur unerträglichen Erinnerung. Es wurden Leichenhäuser eingeführt. Immer mehr Menschen, insbesondere in den Städten wünschen eine anonyme Bestattung, bei der sie ohne Angehörige und ohne Grabstein auf einem Gräberfeld bestattet werden. Der Tod wird hierbei sozusagen unsichtbar.

In ländlichen Gegenden war und ist es auch manchmal heute noch anders. Ich habe noch miterlebt, wie der Großvater zuhause in einem Zimmer bis zur Beerdigung aufgebahrt wurde, wie die Großmutter seinen Sarg liebevoll schmückte und wie dann nahezu die ganze Dorfbevölkerung hinter dem Sarg durch das Dorf bis zum Friedhof zog und die Nachbarn den Sarg trugen. Ich habe erlebt, wie der tägliche Gang zum Friedhof, das tägliche Schmücken des Grabes, die weiterhin bestehende Anteilnahme der Nachbarn meine Großmutter stützte und ihr half, sich behutsam vom Großvater zu lösen. Sie trug ein Jahr schwarze Kleidung und zeigte damit nach außen ihre Trauer. Sicher war der langsame Weg zu einer neuen Lebensperspektive ohne Partner auch nicht einfacher wie heute, aber das Geborgensein in einer bekannten Umgebung war sicherlich sehr förderlich.

Wenn wir beginnen, die Trauer als eine normale menschliche Reaktion auf Verlust anzusehen, dann brauchen wir uns deshalb nicht mehr schuldig oder schwach zu fühlen.

Unser Umgang mit dem Tod

Tod ist ein Thema, das in unserer Gesellschaft gemieden wird. Tod passiert anderen oder zu einem anderen Zeitpunkt - nicht jetzt. Über Tod und Sterben spricht man nicht. Wir lernen nicht, zu trauern, die Trauer anzunehmen und zu durchleben. Stattdessen lernen wir, unsere Trauer zu verstecken oder gar zu leugnen. Wir erhalten keine oder nur für eine kurze Zeit Gelegenheit, unsere Gefühle des Schmerzes und des Zorns auszudrücken und über den Verlust zu sprechen. Wir vermeiden es, uns mit dem Tod zu beschäftigen. Viele meiden es sogar, ein Buch zum Thema Tod zu lesen. Wir vermeiden es, uns mit dem Angehörigen über Sterben, seine Angst vor dem Tod, über seine Wünsche bezüglich seiner Bestattung, die Aufteilung des Erbes etc. zu unterhalten. Wir vermeiden es, uns mit einem todkranken Menschen über den Tod zu unterhalten, aus Angst, er könnte denken, wir würden nur auf seinen

Tod warten, ihn schon aufgeben, oder aus Angst, daß er merken könnte, wie traurig und hilflos wir sind. Manche Menschen haben sogar die magische Vorstellung: „Wenn man sich mit dem Tod beschäftigt, dann fordern wir ihn an" oder umgekehrt „Wenn wir uns nicht damit beschäftigen, werden wir davon verschont". Allenfalls die Kirche spricht über den Tod, aber wiederum nur mit dem Trost auf ein mögliches jenseitiges Leben. Werden wir mit dem Tod eines nahen Angehörigen konfrontiert, schalten wir ein Beerdigungsinstitut ein, das uns die Formalitäten abnimmt. Der Tote wird, falls er zuhause gestorben ist, noch am gleichen Tag in die Leichenhalle gebracht. Viele todkranke Menschen werden in die Klinik abgeschoben, um das Leiden nicht mitansehen zu müssen. Der einzige, der vielleicht das Thema Sterben anspricht, ist der Pfarrer, wenn er ein letztes Mal zum Kranken kommt. Das Beerdigungsinstitut übernimmt die Ausschmückung des Sarges, wäscht den toten Körper und zieht ihm das Leichenhemd über. Was bleibt ist der kurze Blick in den Sarg kurz vor der Beerdigung. Am Tage der Beerdigung zählt der am meisten, der am tapfersten war und keine Tränen vergossen hat. Eine Gärtnerei übernimmt die Grabpflege. An Festtagen geht man pflichtbewußt auf den Friedhof, „weil die Nachbarn sonst denken, daß man den Toten nicht geliebt hat". Nach drei Monaten beginnen die ersten Angehörigen zu fragen: „Was, du bist immer noch nicht darüber hinweg. Du solltest jetzt an dich denken und wieder zu leben beginnen". Nach einer Umfrage sind die meisten Menschen der Ansicht, daß man sich mit dem Verlust spätestens zwei Wochen nach dem Tod abgefunden haben sollte. Die katholische Kirche liest noch ein paar Messen zu Ehren des Toten, dann "sollte man die Trauer gepackt haben". Nach einem Jahr schwarzer Kleidung beginnt der Trauernde wieder bunte Kleidung zu tragen.

Der französische Historiker Aries untersuchte die Einstellung der europäischen Menschen gegenüber dem Tod. Bis um 1950 erhielt sich nach seinen Ergebnissen die Vertrautheit des einzelnen dem Tod gegenüber. Sterben war eine Zeremonie im Kreis der Familie. Seit ca. 40 Jahren herrscht dem Sterben eine Einstellung gegenüber, die Aries mit <der verbotene Tod> bezeichnet. <Der Tod ist den Menschen weniger vertraut als früher, wird zum verbotenen Objekt. Man hält es heutzutage für ausgemacht, daß das Leben - zumindest dem Anschein nach - Glück bedeutet. Der Ort des Todes verschiebt sich, man stirbt

nicht mehr zuhause sondern im Krankenhaus. In dieser Atmosphäre ist der Tod zu einem technischen Problem geworden. Hier werden Emotionen vermieden. Der augenfällige Ausdruck von Schmerz erweckt Widerwillen, die einsame und verschämte Trauer ist die einzige Flucht. Die neue Konvention erfordert es, daß verheimlicht wird, was früher zur Schau gestellt, sogar vorgetäuscht werden mußte: das eigene Leid. Die Angehörigen der Toten sind gezwungen, Gleichgültigkeit vorzutäuschen. Sie bemühen sich, nichts von ihrer Trauer zu zeigen, weil sie niemanden enttäuschen wollen>.

Wie gehen andere Völker mit dem Tod um?

1990 zeigte das Frankfurter Museum für Völkerkunde eine Ausstellung zum Thema <Tod und Jenseits im Kulturvergleich>. Die Ausstellung war ein voller Erfolg. Niemand hatte mit soviel Interesse von seiten der Bevölkerung gerechnet. Möglicherweise beginnt eine langsame Veränderung in unserer Einstellung zum Tod.

Wenn wir verschiedene Völker miteinander darin vergleichen, wie sie mit dem Tod umgehen, müssen wir dabei folgendes berücksichtigen. Es gibt zum einen die Gefühle, körperlichen Reaktionen und Verhaltensweisen, die in jedem einzelnen Menschen nach einem Verlust ablaufen, und zum anderen Regeln und Sitten, wie die Gesellschaft sich den Umgang mit dem Tod vorstellt. Die Reaktionen des einzelnen hängen von seiner persönlichen Einstellung zum Tod ab, die jedoch meist von der gesellschaftlichen Einstellung zum Thema Tod beeinflußt ist. Im folgenden kann ich Ihnen lediglich einen Überblick über die Regeln geben, die andere Kulturen aufstellen, um dem einzelnen beim Tod seines Angehörigen zu helfen.

Beim Vergleich zu unseren Trauersitten kommt man zu den Schluß, daß in den Trauersitten der außereuropäischen Kulturen das, was bei jedem Menschen während der Trauerphase vor sich geht, zur Regel erhoben wird.

Bei den Trauersitten der außereuropäischen Kulturen steht das künstlich erzeugte und übersteigerte Trauerweinen im Vordergrund. Es wird übermäßig lange und laut, zum Teil regelmäßig zu bestimmten Tageszeiten geklagt und geweint. Man weint demonstrativ in der

Öffentlichkeit und die Tränenspuren sollen deutlich sichtbar sein. In manchen Völkern läßt man die Tränen auf den Leichnam tropfen oder sammelt sie in einem Tuch, das man dem Grab beilegt. Nach Meili sind diese Tränenopfer <eine Demonstration vollzogener Trauer für den Toten>.

Fast allen Trauernden verschlägt es die Lust zu essen, bei den außereuropäischen Kulturen gibt es das Fastengebot während der Trauerzeit. Der Trauernde hat keine Energie, was sich dort in dem Verbot der Arbeit niederschlägt. Er empfindet keine Freude und hat kein Interesse an anderen Menschen, was sich bei den außereuropäischen Kulturen im strikten Redeverbot und in der Trauertracht zeigt. Er zieht sich in die Wohnung zurück, in der er tage- und wochenlang, ohne sich zu rühren, im Schmerz erstarrt, sitzt. Der Trauernde vernachlässigt sein Äusseres und zum Teil auch seine Hygiene, was sich in den außereuropäischen Trauersitten so zeigt, daß sich der Trauernde gezielt mit Asche und Schmutz bestreut oder das Gesicht beschmiert und keine bunte Kleidung trägt. Der Trauernde bei uns hat kein Interesse mehr an Besitz, bei den außereuropäischen Völkern wird der Besitz zum Teil verschenkt. Der Trauernde ist wütend auf sich und die Welt, was sich in außereuropäischen Kulturen in den Sitten, Kleider zu zerreißen, Haare auszureißen und sich Wunden beispielsweise durch Wangen - Zerkratzen zuzufügen, widerspiegelt.

Nach Ende der Trauerzeit wird bei den außereuropäischen Völkern der Trauerschmutz oder das verkrustete Blut der selbst zugefügten Wunden abgewaschen, werden die lang gewordenen Fingernägel geschnitten oder das schmutzige Badewasser wird dem Verstorbenen als Trauerbeweis auf das Grab geleert.

In allen Kulturregionen lassen sich Trauerregeln zu folgenden Bereichen feststellen:

• Trauerweinen und Wehklagen: z.B. Tränenopfer und Klagerufe, Klagefrauen, das Füllen eines Tränenkrügleins

• Körperliche Haltung des Trauernden: z.B. hockend, hängende Schultern

• Verzichte und Verbote bezogen auf den Körper: z.B. Fastengebot, Arbeitsverbot, Verbot bestimmter Speisen, Redeverbot, Schlafverbot, Verbot sexueller Handlungen, Verbot von Kontakten mit anderen Menschen

- Selbstaggression: z.B. Verstümmelung von Fingern und Zähnen, Raufen der Haare, Tätowierung, Blutopfer, Raufen des Bartes
- Haarschur und Haaropfer: z.B. ungeordnetes Haar, Wachsen oder Schneidenlassen der Haare oder des Bartes
- Behandlung des Körpers: z.B. nackt oder barfuß gehen, sich mit Asche beschmutzen, auf der Erde wälzen, sich mit Trauerfarben bemalen
- Trauerkleidung: z.B. Bedecken des Kopfes, Schleier, Trauerschmuck oder Schmuckverbot, Trauerkleidung, Ablegen der Trauerkleidung nach bestimmter Zeit
- nach außen gerichtete Aggression: z.B. Zerreißen der Kleider, Zerstören der Gegenstände des Toten, Kampfspiele
- Zeremonien nach der Beisetzung: z.B.Trauermahl
- Einhaltung einer bestimmten Trauerzeit: z.B. ein Jahr
- Zeremonien nach Beendigung der Trauer: z.B. Reinigung

All diese Riten helfen dem Trauernden, seine Trauer auf sozial anerkannte Weise zum Ausdruck bringen zu können, ohne daß sich eine schwere Depression oder andere krankhafte Prozesse entwickeln müssen.

In unserer Gesellschaft bleiben wir meist mit unseren Gefühlen und körperlichen Reaktionen allein. Wir weinen still, wenn wir es uns nicht überhaupt verbieten. Wir verlangen von unserem Körper, daß er uns schlafen läßt, aktiv ist und Appetit hat, obwohl er es in einer solchen Situation nicht kann. Unsere Umwelt verlangt oft, daß wir unserer Arbeit normal nachgehen und unsere Pflichten erfüllen, obwohl wir uns weder konzentrieren, noch etwas merken können. Wir dürfen nicht unserem Bedürfnis nachgeben, zu seufzen und über unser Schicksal zu klagen. Wir dürfen nicht endlos über unseren verstorbenen Partner reden. Unser Wunsch, uns von der Menschheit zurückzuziehen und einfach stundenlang vor uns hinzustarren, wird nicht akzeptiert. Von uns wird erwartet, daß wir uns äußerlich zurechtmachen und "wieder gut aussehen". Wutausbrüche und Ungeduld werden ebenfalls nicht gerne von unserer Umwelt gesehen, bzw. mißverstanden, wenn wir ungerecht und gereizt sind. Nach Möglichkeit soll unsere Trauerarbeit nach kürzester Zeit abgeschlossen sein. Wieviel weiser und behutsamer gehen dagegen die außereuropäischen Völker vor.

Schon östliche Kulturen oder auch die südländischen Völker erlauben den Trauernden, ihre Gefühle deutlicher und offener zum Ausdruck zu bringen.

Da unsere Gesellschaft uns kaum Hilfestellungen für den Umgang mit dem Tod und der Trauer anbietet, möchte ich Ihnen in diesem Buch Hilfestellungen geben. Ich kann Ihnen Ihre Gefühle weder wegnehmen, noch kann ich die gesellschaftlichen Regeln aufheben. Mit diesem Kapitel wollte ich Ihnen zeigen, daß Ihre Gefühle, Ihre körperlichen Reaktionen und Ihr Verhalten uns Menschen eigen sind. Wann immer wir uns auf einen anderen Menschen einlassen und ihn lieben, werden wir über seinen Verlust trauern. Auch wenn die Gesellschaft uns diese Reaktion nicht zugesteht, werden wir dennoch mit Schmerz, Wut, Angst und all den körperlichen Reaktionen reagieren. Wir müssen uns deshalb unsere eigenen Regel, wie wir mit unserer Trauer umgehen wollen, schaffen.

Akzeptieren Sie Ihre Gefühle, die Sie im Augenblick verspüren. Sie sind menschlich.Wenn Sie Ihre Gefühle besser verstehen, akzeptieren und sich durch sie hindurcharbeiten, werden Sie sich wieder wohlfühlen können. Ich werde Ihnen in Teil II Übungen anbieten, wie Sie Ihre Gefühle ausdrücken können, ohne in der Gesellschaft aufzufallen, und dennoch nicht in Ihrer Trauer steckenbleiben. Sie können sich Zeiten wählen, in denen Sie sich ganz Ihrer Trauer widmen, und Zeiten, in denen Sie die Anforderungen der Gesellschaft erfüllen.

- 2 -
Phasen der Trauerverarbeitung

Das Leben
eines lieben Menschen
ist zu Ende.
Es erscheint Ihnen,
als ob damit auch Ihr Leben
zu Ende gegangen sei.
Das Leben mit ihm ist zu Ende,
doch Ihr Leben geht weiter.

Sich von einem geliebten Menschen zu verabschieden, ist ein langsamer und lang andauernder Prozeß, der nicht mit dem Begräbnis endet. Wir benötigen Zeit, bis wir die Trauer überwinden und die Endgültigkeit der Trennung akzeptieren können. Die Trauer ist nicht vergleichbar mit einer Krankheit, einer Grippe, bei der wir nur ein paar Medikamente nehmen und uns ausreichend Ruhe gönnen müssen. Die Trauer ist aktive Arbeit, die wir in Angriff nehmen müssen. Niemand kann uns die Arbeit abnehmen zu lernen, den Verlust anzunehmen. Niemand kann uns die Arbeit abnehmen, uns von dem geliebten Menschen zu verabschieden. Niemand kann uns die Arbeit abnehmen, Gewohnheiten, die wir mit dem geliebten Partner verbanden, aufzulösen. Niemand kann uns die Arbeit abnehmen, neue Gewohnheiten zu entwickeln. Der Trauer können wir nicht entgehen, indem wir gegen sie ankämpfen, sie in Drogen und Alkohol ersticken, sie zu vermeiden versuchen, oder abzuwarten, bis die Zeit sie heilt. Wenn wir gesund aus diesem Lebensabschnitt hervorgehen möchten, können wir die Trauer nur durchleben. Wenn wir sie zulassen und durchleben, werden wir sie überwinden.

Der Verlust eines Menschen konfrontiert uns mit Gefühlen, die wir uns vielleicht niemals zuvor zu fühlen imstande gesehen haben; Gefühle, von denen wir nicht wissen, woher sie kommen, geschweige denn, wie wir mit ihnen umgehen sollen.

Es liegt in unserer menschlichen Natur, daß wir das betrauern, was uns wichtig ist und was wir nicht mehr haben können. Wir haben keine Möglichkeit, etwas, was für uns von großer Bedeutung ist, loszulassen, ohne es nicht auch zu betrauern. Die Trauer teilt uns mit, daß sich etwas geändert hat in unserer Umgebung. Sie ist ein Warnsignal unseres Körpers und unserer Seele. Jeder Mensch hat seine eigene Zeit und seine eigene Art, wie er trauert. Bei jedem Ereignis, ob es Trennung, Umzug, Scheidung, Verlust des Arbeitsplatzes, Verlust der Gesundheit durch eine chronische Erkrankung, einen Unfall, Verlust der Jugend oder der Verlust eines Partners durch Tod ist, reagieren Körper und Seele. Sie geraten aus dem Gleichgewicht. Die Reaktionen unterscheiden sich darin, wie lange es bis zu einem neuen Gleichgewicht dauert und wie intensiv die Reaktionen selbst sind. Die Trauer über den Verlust eines Partners kann mehrere Jahre dauern. Dennoch gibt es Gemeinsamkeiten in dem, was wir erleben. Ich möchte Ihnen kurz die verschiedenen Phasen vorstellen, die wir auf dem Weg von der Trauer bis zu einem neuen Gleichgewicht durchlaufen - auch wenn Ihnen im Augenblick der Kopf nicht so sehr nach theoretischen Ausführungen steht. Sie können Ihre Gefühle dann besser verstehen und haben weniger Angst vor Ihren Reaktionen und Verhaltensweisen. Sie kommen sich dann nicht so unfähig vor und haben nicht mehr den Eindruck, "verrückt" zu werden.

Der Tod ist demokratisch. Er kommt zu jedem.
Er ist ein unausweichlicher Teil unseres Lebens -
auch wenn er uns unfair erscheint.

Die einzelnen Phasen der Trauerverarbeitung

1. Die Phase des Nicht-Wahrhaben-Wollens: Schock und Verleugnung

Diese Phase kann von einigen Stunden bis zu Monaten andauern. Der Betroffene hat die Nachricht des Todes erhalten, kann sie aber gefühlsmäßig noch nicht nachvollziehen. Er ist wie erstarrt, im Schock oder reagiert mit einem Gefühlsausbruch. Er macht Äußerungen wie „Ich kann es immer noch nicht glauben, daß er nicht mehr wiederkommt".

2. Die Phase der aufbrechenden Gefühle

In ihr wechseln sich Gefühle der tiefen Verzweiflung, der Angst und Hilflosigkeit, der Einsamkeit, der Schuld, aber auch der Wut auf sich und den verstorbenen Partner ab. Gleichzeitig geht diese Phase einher mit massiven körperlichen Begleiterscheinungen: mit Appetitverlust oder Freßanfällen, Durchfällen, Verstopfung, Ruhelosigkeit, Schlaflosigkeit, Merkfähigkeits- und Konzentrationsstörungen. Diese Phase kann zwei Jahre anhalten, manchmal sogar länger, bis der Betroffene den Tod akzeptieren lernt.

3. Die Phase der langsamen Neuorientierung

In ihr findet sich der Trauernde langsam mit dem Verlust des Verstorbenen ab. Er nimmt alte Aktivitäten wieder auf oder beginnt, seinen Blick auf neue Aktivitäten zu lenken. Er denkt an die schönen, wie auch enttäuschenden Erfahrungen mit dem verstorbenen Partner und empfindet keinen starken Schmerz mehr. Er entwickelt ein neues Selbstwertgefühl.

4. Neues inneres Gleichgewicht

Der Mensch empfindet ein neues seelisches und körperliches Gleichgewicht. Er denkt dankbar, vielleicht auch ein klein wenig traurig an die gemeinsame Vergangenheit mit dem verstorbenen Partner und hat sich ein neues Leben ohne den verstorbenen Partner aufgebaut. Er hat einen neuen Sinn im Leben gefunden. Er hat eine positive Einstellung zu sich, seinen Fähigkeiten und der Zukunft entwickelt.

Die einzelnen Trauerphasen können sich überlappen, zusammenfallen und sich miteinander vermischen oder in einer anderen Reihenfolge, als hier beschrieben, verlaufen. Jeder muß jedoch diese einzelnen Phasen durchleben, wenn seine Wunde heilen soll und er sich einen neuen Lebenssinn aufbauen will.

Die Phasen der Trauerverarbeitung verlaufen nicht kontinuierlich. Es wird Fortschritte und Rückschritte geben. Nach dem Aufbrechen der Gefühle wird es täglich Schwankungen zwischen den verschiedenen

Gefühlen geben. In der Phase 3 wird es manchmal z.B. an besonderen Tagen wie dem Todestag, Weihnachten, Geburtstag, Hochzeitstag etc. Rückfälle in die Phase 2 geben. Doch sie werden vorübergehen.

Warum reagieren manche Menschen mit starker Trauer, während anderen gar nichts anzumerken ist?

Zunächst einmal kann man aus dem, wie andere nach außen wirken, wenig darüber aussagen, wie es in ihnen aussieht. Zum anderen bestimmen sehr viele unterschiedliche Faktoren, wie stark der einzelne den Verlust empfindet. Diese sind:

1. Die Beziehung zum Verstorbenen
War es die Großmutter, der Bruder oder der Partner, der verstarb? War in der Beziehung viel Wut und Haß auf den Verstorbenen, so kommen nach dem Tod viele Schuldgefühle auf um die Frage „Habe ich genug getan?". Dies erschwert das Abschiednehmen und die Bewältigung der Trauer.

Waren beide Partner sehr abhängig voneinander? Spielte der Verstorbene eine nahezu unersetzliche Rolle in Sachen Arbeit, Freizeitgestaltung oder Sexualität? War der Verstorbene die einzige enge Bezugsperson für den Trauernden? Wie wichtig war der Verstorbene im Leben des Trauernden?

2. Die Persönlichkeit des Einzelnen
Wie stark das Leben eines einzelnen Menschen erschüttert wird, hängt von dessen Persönlichkeit ab. Hat er sein Leben rund um den Partner aufgebaut, nie alleine gelebt, sein Selbstwertgefühl nur über ihn aufgebaut? Hat er sich gedanklich schon damit befaßt, daß der Tod eines Tages in sein Leben treten könnte? Akzeptiert er, daß es keinen Anspruch auf dauerhaftes Glück gibt im Leben? Glaubt er, daß er einen Verlust überwinden kann?

3. Das Alter des Verstorbenen
Ganz besonders schwierig ist es, sich mit dem Tod eines Kindes abzufinden, weil quasi ein Gesetz des Lebens <Man stirbt erst im Alter nach

den Eltern> in Frage gestellt wird.

4. Alter und Geschlecht des Trauernden

Jüngere Frauen haben die größten Chancen, die Trauer zu bewältigen. Männer tun sich insbesondere in unserer Gesellschaft schwer, ihre Trauer einzugestehen.

5. Der Umstand des Todes

Kam der Tod plötzlich und unerwartet oder kam der Tod nach langer Krankheit? Wenn der Partner nach langer Krankheit stirbt, kann der Verlassene den Tod in Gedanken schon mehrmals vorweggenommen und den Schmerz schon zum Teil erlebt haben. Stirbt jemand nach langer schwerer Krankheit kann man sich auch damit trösten, daß der Tod eine Erlösung für den Verstorbenen sei.

Kam der Tod völlig überraschend durch Gewalteinwirkung, durch Unfall, Mord oder Selbstmord oder im Ausland, wo man den Leichnam nicht mehr sehen konnte?

Plötzliche Verluste sind meist schwerer zu betrauern, weil vieles unausgesprochen blieb und der Tod auch häufig starke finanzielle Einschränkungen mit sich bringt.

Viele sagen: Je schwerer der Verlust, je gewaltsamer und plötzlicher der Tod, desto schwieriger und schmerzlicher sei der Verlust und die damit verknüpfte Trauerarbeit.

6. Frühere Verluste

Hat der Betroffene sich früher schon eimal von Schmerz überflutet erlebt oder die Trauer nicht zugelassen? Hat der Betroffene schon einmal einen Verlust erlebt und betrachtet Verlust als Bestandteil des Lebens?

Für den Betroffenen ist *sein* Verlust der schmerzlichste und ungerechteste auf der Welt.

Wir sehen tagtäglich in den Nachrichten Bilder von toten Menschen, die meist auf grausame Weise umgebracht wurden, manchmal auch die Bilder von klagenden und von Schmerz überwältigten Angehörigen. Wir lesen von Verstorbenen in der Zeitung. Doch tot ist nicht gleich tot. Unseren eigenen Verlust erleben wir am stärksten. Er begleitet uns die gesamte Zeit des Tages und nicht nur bis kurz nach den Nachrichten. Mit dem verstorbenen Partner haben wir uns Lebenspläne erstellt, tausende von schönen Erfahrungen gesammelt, ihn täglich um uns gehabt. Deshalb trifft uns dieser Tod um so härter. Unser Schmerz ist der schlimmste für uns. Wir brauchen uns nicht in einen Wettkampf zu begeben, welcher Schmerz mehr Berechtigung hat. Wir können nur unseren Schmerz fühlen und er ist das Ergebnis all unserer Erfahrungen und Wünsche mit diesem Menschen. Wir brauchen uns nicht für unseren Schmerz zu entschuldigen. Unser Verlust ist für uns der größte der Welt.

Männer und Trauer

Trauer ist nicht auf ein Geschlecht beschränkt. Männer durchlaufen genau die gleichen Phasen wie Frauen. Und doch gibt es einen Unterschied. Unsere Gesellschaft gesteht Männern nicht zu, gefühlsbetont zu sein. Männer dürfen meist nicht weinen und laut schluchzen, ohne als Schwächling angesehen zu werden. Man erwartet von ihnen, sich schneller "abzufinden". Sie haben sich äußerlich stärker unter Kontrolle. Die Umwelt wird unsicher, wenn ein Mann plötzlich weint. Der Mann wird von seinen Kollegen schneller wieder in Kontakt mit einer Frau gebracht, auch abgelenkt von seinen Gefühlen und Gedanken. Männer wollen meist mit anderen Männern nicht über ihre Gefühle reden, was ihnen dann wiederum das Gefühl von Einsamkeit erzeugt. Männern fällt es ebenfalls schwer, einen anderen Mann anzurufen, um mit ihm etwas zu unternehmen. Obwohl sie genauso lang zum Trauern brauchen wie Frauen, heiraten sie wesentlich schneller wieder. Das hängt zum einen damit zusammen, daß die Frau in der Partnerschaft für das emotionale Wohlbefinden zuständig ist, es mehr verwitwete Frauen als Männer gibt und zum anderen die sexuellen Bedürfnisse bei Männern meist schneller wieder aufkommen. Die schnelle Heirat vor Vollendung der Trauerarbeit kann jedoch zu einer unglücklichen Beziehung führen, beispielsweise wenn der Mann seine neue Partnerin ständig mit seiner verstorbenen Frau vergleicht.

Verliert eine Familie ihr Kind, kommt es häufig zu Konflikten zwischen Mann und Frau, wenn der Mann trauert, indem er nie mehr den

Namen des Kindes erwähnt, während seine Frau am liebsten ununterbrochen über den Verlust sprechen möchte. Während die Frau ihre Trauer mit Weinen zum Ausdruck bringt, stürzt sich der Mann womöglich in die Arbeit. Keiner hat Verständnis für die Art des Trauerns vom anderen und besonders die Frau gewinnt den Eindruck, ihrem Mann mache der Verlust nichts aus und er lasse sie allein in ihrer Verzweiflung.

Die Zeit heilt keine Wunden

Es gibt Menschen, die jahrzehntelang trauern und kein neues inneres Gleichgewicht erreichen. Die Zeit kann nicht unsere Gedanken, Erinnerungen und unerfüllten Wünsche verändern. Wenn wir tagtäglich mit unserem verstorbenen Partner reden und so tun, als ob er mit uns den Alltag teilt, dann wird die Zeit keinen Abschied bewirken. Wenn wir tagtäglich denken, wie schön es doch wäre, wenn unser Partner noch da wäre, und daß es ungerecht ist, daß wir ihn verloren haben, dann können wir unsere Wut und Sehnsucht 20 Jahre und mehr aufrecht erhalten. Die Zeit allein heilt keine Wunden. Was wir mit der Zeit anfangen, ist bedeutend für die Heilung. Wenn wir denken, wir beweisen unsere Liebe, indem wir möglichst lange trauern, ist die Zeit kein Hilfsmittel. Wenn wir denken, wir könnten Versäumtes wiedergutmachen, indem wir uns schuldig fühlen und trauern, kann die Zeit uns nicht heilen. Wir müssen die Zeit, jeden einzelnen Augenblick der Zeit benutzen. Wir müssen unsere Gedanken von dem Partner lösen. Der Trauerprozeß muß aktiv durchlebt werden. Wir brauchen die Zeit, um unseren Schmerz, unseren Ärger, unsere Ängste zu verspüren. Wir brauchen Zeit, um wieder genießen zu können, ohne uns schuldig zu fühlen. SIE müssen die Zeit nutzen, damit sie heilsam für SIE sein kann. Trauern benötigt Zeit, aber wir können das Trauern durchleben und abschließen. Am Ende können wir die Einstellung entwickelt haben, daß es traurig ist, so wenig gemeinsame Zeit mit dem Partner zur Verfügung gehabt zu haben, aber daß wir dankbar sind, diese Zeit überhaupt geschenkt bekommen zu haben. Wir werden den Verstorbenen nicht vergessen, aber uns neu orientieren.

Zwei Formen der Trauerverarbeitung

Wir können zwei Arten der Trauerverarbeitung unterscheiden: die normale Trauer und die krankhafte Trauer.

1. Die normale Trauerverarbeitung

Die Trauer ist keine Krankheit sondern eine angemessene Reaktion auf einen erlittenen Verlust. Dieser Verlust kann der Verlust einer Arbeitsstelle, des Wohnortes, der Gesundheit, eines Partners durch Scheidung oder Tod, der Jugend oder eines Kindes durch Auszug sein.

Sie ist notwendig und lebenserhaltend. Verlieren wir den Partner durch Tod, lösen wir uns in der Trauer schrittweise von all den gemeinsamen Dingen, die wir mit dem Toten in der Vergangenheit teilten, und finden dann zu einer neuen Lebensperspektive, neuen Rollen und Aufgaben zurück bzw. wählen uns neue Aufgaben.

Mir fällt an dieser Stelle immer das Bild zweier Bäume ein, die sich gegenseitig stützen und deren Wurzeln, Äste und Blattwerk miteinander vernetzt sind. Fällen wir nun den einen der Bäume, so muß der andere Baum ein neues Gleichgewicht finden. Der verbliebene Baum hat nun die Aufgabe, sich selbst fest im Boden zu verankern, seine Äste so auszudehnen, daß der verbliebene Platz ausgefüllt ist. Selbst wenn wir einen jungen Baum daneben pflanzen, kann dieser so schnell den abgeholzten Baum nicht ersetzen. Wenn wir gemeinsam unser Leben aufgebaut haben, gemeinsame Kinder haben, uns gegenseitig Unterstützung und Achtung gegeben haben, eine gemeinsame Wohnung eingerichtet haben, gemeinsam gegen die Widrigkeiten der Welt gekämpft haben, gemeinsam Enttäuschungen erlebt, Streitereien befriedet haben, dann laufen nach dem Verlust eines Partners all diese Gewohnheiten wie die Äste des Baumes, der sich abstützen will, ins Leere. All unsere Gedanken, die den Partner einschlossen, haben kein Ziel mehr. Das Gefühl des Verlustes und des Schmerzes signalisiert uns, daß unser Gleichgewicht nicht mehr stimmt. Nach dem ergebnislosen Bestreben, den Partner wiederzufinden und zurückzugewinnen, müssen wir lernen, zunächst *ohne* den Partner zu leben, und schließlich gelangen wir an den Punkt, wo wir *anders* leben als zu Zeiten des Partners.

Wir haben bei der Bewältigung des Verlustes vier Aufgaben zu lösen:

1. Wir müssen den Verlust akzeptieren.
Wir müssen lernen, die Tatsache zu akzeptieren, daß der Mensch, den wir lieben, tot ist und nicht zurückkehren wird. Wir müssen akzeptieren, daß ein Wiedersehen des Toten zumindest in diesem Leben nicht möglich ist.

2. Wir müssen den Trauerschmerz erfahren.
Wir müssen den seelischen und körperlichen Schmerz, den der Tod mit sich bringt, akzeptieren und durchleiden. Ein manches Mal steht dem die gesellschaftliche Forderung im Wege, Trauer sei ungesund und krankhaft, und es wird versucht, den Trauernden vom Kummer abzulenken und aufzumuntern.

3. Wir müssen uns ohne Partner ein neues Leben aufbauen.
Wir müssen uns auf eine veränderte Umwelt mit neuen Rollen und Aufgaben einstellen. Wir formulieren neue Lebensziele und wagen es, neue Fertigkeiten zu erlernen.

4. Wir müssen uns für andere Menschen öffnen.
Wir müssen uns von dem Verstorbenen gefühlsmäßig lösen, um uns in einer anderen Beziehung emotional einbringen zu können.

2. Die krankhafte Trauerverarbeitung

"Krankhafte Trauerverarbeitung", dieses Wort klingt scheußlich, und ich verwende diesen Begriff höchst ungern. Er begegnet uns immer wieder in medizinischen und psychologischen Büchern und deshalb will ich ihn aufgreifen. Es ist schwierig, zu formulieren, wann Trauer angemessen und wann sie krankhaft ist. Ich persönlich würde es am liebsten so definieren: Trauer ist nicht mehr hilfreich, wenn wir länger leiden, als wir möchten, wenn wir unsere Ziele im Leben nicht mehr verwirklichen können und wir unsere Gesundheit nicht mehr erhalten wollen. Bei der krankhaften Trauerverarbeitung können wir eine der vier oben genannten Aufgaben nicht bewältigen.

1. Wir scheitern schon an der ersten Aufgabe, indem wir den Verlust leugnen. Wir weigern uns, zu glauben, daß der Partner wirklich tot ist. Immer mal wieder liest man in der Zeitung, daß ein Angehöriger über

Jahre neben dem toten Körper seines Partners schläft. Wir leben in der Vergangenheit und suchen uns keine neue Lebensperspektive. Wir belassen beispielsweise das Zimmer so, wie es der Verstorbene verlassen hat. Aus dem Zimmer wird ein Altar, zu dem wir täglich pilgern. Alles, so zu belassen, wie es war, verhindert die Heilung.

Für eine bestimmte Zeit ist dieses Verhalten verstehbar. Wenn es sich jedoch über Jahre hinzieht, ist es krankhaft. Eine andere Form des Leugnens ist es, die Bedeutung des Verlustes zu verringern, indem wir den Partner abwerten. „Mir fehlt er nicht", „Er war in Wirklichkeit kein guter Partner", sind dazugehörige Äußerungen. Alles, was an den Partner erinnert, wird sofort weggeworfen. Um es nochmals zu betonen, für eine kurze Zeit ist es vollkommen normal und verstehbar, auf ein Wiedersehen zu hoffen und den Tod zu verleugnen.

2. Wir leugnen den Schmerz und unterdrücken ihn durch Ablenkung, durch Geschäftigkeit, Ausschalten der Erinnerung an den Toten, Ortswechsel, Ruhelosigkeit, Tabletten und Alkohol. Uns fehlen jegliche Trauersymptome. Wir ziehen uns nicht zurück, zeigen keine Traurigkeit und keine Tränen. Wir wechseln sofort nach dem Tod den Arbeitsplatz, verkaufen das Haus, stürzen uns sofort in die nächste Partnerschaft. Wir versuchen, dem Schmerz zu entrinnen, was jedoch langfristig zu schwerwiegenden Folgen führt, wie beispielsweise zu psychosomatischen Beschwerden und Erschöpfungszuständen.

3. Wir weigern uns, neue Fertigkeiten zu erwerben und die Rolle des verstorbenen Partners zu übernehmen. Wir bleiben in unserer Hilflosigkeit und in unserem Schmerz stehen und weichen den Anforderungen der Welt aus. Wir trauern chronisch. Wir denken an Selbstmord oder nehmen uns sogar das Leben.

4. Wir lassen Wut auf den verstorbenen Partner nicht zu oder quälen uns auf Dauer mit Schuldgefühlen.

5. Wir lassen uns nicht mehr auf eine neue intensive Beziehung ein, sondern halten an der früheren Bindung fest.

Des weiteren spricht man von einer krankhaften Trauerreaktion,

• wenn die Trauer übertrieben lange anhält und wir den Eindruck haben, "nicht mehr wir selbst zu sein",
• wenn die Trauerreaktion übertrieben ist und wir stark verzweifelt und überwältigt sind,
• wenn die Trauerreaktion verschoben wird, d.h. nicht zu dem Zeitpunkt ausgelebt wird, wo sie auftritt,
• wenn wir unfähig sind, unsere alltäglichen Pflichten zu bewältigen,
• wenn wir verstärkt zu Alkohol und Drogen greifen,
• wenn latent Selbstmordgefahr besteht.

Wodurch kommt es zu krankhafter Trauer?

Wie schon gesagt, ist die Unterscheidung, wann wir von einer krankhaften Trauer und wann von normaler Trauer sprechen, schwierig. Ich möchte hier einige Faktoren aufzählen, die dazu führen können, daß wir in unserer Trauerarbeit steckenbleiben oder sie überhaupt unterbinden. Wird die Trauerarbeit nicht geleistet, so laufen wir Gefahr, seelisch und manchmal sogar körperlich krank zu werden.

Faktoren, die eine krankhafte Trauerverarbeitung begünstigen

1. Wir haben in unserem Kopf das Gebot: „Du mußt in jeder Situation Haltung bewahren" und stürzen uns in Aktivität. Durch das Wegschieben der Gedanken an den Toten und des Abschiednehmens können wir die Situation nicht ungeschehen machen und sie auch nicht annehmen lernen. Möglicherweise kommt es zu einem späteren Zeitpunkt dann zu einem Zusammenbruch, den man sich nicht erklären kann.

2. Der Tote kam durch eine in unserer Gesellschaft nicht akzeptierte Todesform zu Tode, etwa durch Freitod, sodaß wir nicht offen über den Verlust sprechen können oder uns auch besonders stark mit Schuldgefühlen belasten. Auch eine vorgenommene Abtreibung kann zu einer krankhaften Trauerverarbeitung führen.

3. Die persönliche Beziehung zum Toten war durch Haß und negative Gefühle geprägt, sodaß es nach dessen Tod zu keiner Trauerreaktion kommt. Wenn wir uns mit unseren Gefühlen des Hasses erleben, verurteilen wir uns dafür, "weil man um einen Toten ja Tränen vergießen sollte".

4. Starke finanzielle Sorgen oder die Versorgung kleiner Kinder oder pflegebedürftiger Verwandter führen dazu, daß keine Zeit für das Abschiednehmen bleibt.

5. Wenn das soziale Umfeld bestehend aus Verwandten und Freunden oder Selbsthilfegruppen fehlt, weil in unserer Gesellschaft Familien sehr weit voneinander entfernt wohnen, oder weil wir von jeher schon isoliert lebten, kann der Trauerprozeß erschwert werden.

6. Es gibt Kulturen, wie z.B die südländischen Völker, die es dem einzelnen ermöglichen, seine Gefühle stärker auszudrücken und zuzulassen. Die Erwartung unserer Gesellschaft, "stark und bald über die Trauer hinweg zu sein", kann ebenfalls die Trauerarbeit behindern.

7. Aktueller Gesundheitszustand: Krankheit kann den Trauerprozeß verlängern.

8. Berufliche Position und finanzielle Absicherung: Mangelnde finanzielle Absicherung und ein fehlender Arbeitsplatz können die Trauer verstärken.

9. Es sind mehrere Familienangehörige gleichzeitig gestorben oder kurz nacheinander, sodaß wenig Zeit bleibt, von jedem intensiv und vollständig Abschied zu nehmen.

Um es nochmals zu wiederholen, die Grenzen zwischen normaler und krankhafter Trauer sind fließend. Wir können nicht sagen: „Wenn du bis zu dem Zeitpunkt immer noch bei dem Namen deines verstorbenen Partners weinst, dann ist das krankhaft". Entscheidend ist, ob Sie den Eindruck haben, nicht darüber hinwegzukommen, obwohl Sie es möchten.

Ich will Ihnen Ihre Trauer weder wegnehmen noch verbieten. Ich möchte Ihnen nur sagen, daß Sie Ihre Trauer beeinflussen können. Trauer kommt nicht von alleine und geht nicht von alleine.

Jeder Mensch, der trauert, durchläuft verschiedene Phasen, bis er sich mit dem Tod eines Menschen "abgefunden" hat. "Abfinden", "darüber hinwegkommen", "verkraften" , das sind Begriffe, die wir in der Alltagssprache verwenden. Für viele haben sie einen Beiklang von "den Toten vergessen". Das meine ich damit sicher nicht. Wenn ich von "abfinden" spreche, dann meine ich, bis der Gedanke "Mein Partner ist tot, ich kann nur noch das von ihm bekommen, was ich in meiner Erinnerung gespeichert habe", nicht mehr so stark schmerzt, sondern nur noch ein Gefühl von Traurigkeit und Bedauern auslöst. Vergessen werden wir nie können, was uns mit dem verstorbenen Menschen an schönen, aber auch kränkenden Erlebnissen verbindet. Das ist auch nicht unser Ziel, denn es sind wichtige Erfahrungen, die uns geprägt und beeinflußt haben. So wie wir jemandem verzeihen können und dann zwar noch das verletzende Ereignis im Kopf haben, aber es nicht mehr in uns nagt, so können wir auch Gefühle des Schmerzes und der Verzweiflung in Verbindung mit dem Tod eines Menschen verändern.

Nochmals gesagt, die einzelnen Trauerphasen sind nicht bei jedem Menschen von gleicher Dauer und Stärke. Es können Phasen übersprungen und wiederholt werden und der einzelne kann in einer Phase steckenbleiben. Ich halte es dennoch für hilfreich, die Phasen hier aufzuführen, weil das Wissen um diese Phasen Ihnen helfen kann, sich zu verstehen und auch Hoffnung zu schöpfen.

Wann ist die Trauerarbeit zu Ende?

Es gibt darauf keine sichere Antwort. Viele geben für den Verlust eines nahestehenden Menschen mindestens ein Jahr an, aber auch zwei Jahre seien keine allzu lange Zeit. Die meisten Untersuchungen zeigen, daß weniger als die Hälfte aller Frauen, die ihren Mann verlieren, am Ende des ersten Jahres "wieder sie selbst sind" und am Leben richtig anteilnehmen. Witwen brauchen nach Ergebnissen dieser Untersuchungen meist drei bis fünf Jahre, um ihr Leben erneut zu stabilisieren. Überhaupt ist es müßig, darüber zu philosophieren, wann der Trauerprozeß zu Ende ist. Es gibt keinen absoluten Zeitpunkt des Anfangs und keinen absoluten Zeitpunkt des Endes.

Veränderungen werden Sie daran bemerken, wie häufig Sie am Tag Schmerz empfinden und wie tief der Schmerz sein wird. Sie selbst werden merken, wann Sie wieder zu leben beginnen, wann Sie wieder in die Zukunft schauen können. Wenn die Gedanken an den Toten keinen Schmerz mehr bereiten, ist die Trauerreaktion beendet. Selbst dann wird es noch zu gelegentlicher Traurigkeit kommen, aber sie schmerzt dann nicht mehr so sehr. Wenn Sie wieder am Leben teilhaben und sich freuen können, ist sie für Sie zu Ende. Und wenn Sie drei, vier oder mehr Jahre benötigen, dann ist es eben die Zeit, die Sie für Ihre Trauerarbeit benötigen. Wir können keine zwei Menschen miteinander vergleichen. Wie schnell zwei Menschen ihren Verlust bewältigen, hängt von sehr vielen unterschiedlichen Faktoren ab wie etwa der Lebensgeschichte, der Persönlichkeit, der finanziellen Konsequenzen, der Lebensphilosophie und der Gesundheit. Sie können, wann immer Sie denken, es dauert für Sie zu lange, Unterstützung suchen in einer Selbsthilfegruppe, Beratungsstelle oder bei einem Psychotherapeuten.

Werde ich jemals wieder glücklich sein?

Es ist sehr gefährlich, aber auch unmöglich, auf diese Frage genaue Zeitangaben zu machen. Eines kann ich Ihnen jedoch mit Sicherheit sagen: Ja, Sie werden wieder glücklich sein können. Sie werden langsam vorwärtsgehen, ab und zu Rückschritte machen, aber es wird der Zeitpunkt kommen, wo Sie sich ein neues Gleichgewicht geschaffen haben. Es wird niemals mehr so werden wie früher, aber Sie werden sich eine neue Lebensperspektive aufbauen können. Jeder Mensch hat die Fähigkeit, sich auf neue Situationen einzustellen, sie anzunehmen und daraus das Beste zu machen. Sie brauchen hierzu jedoch Zeit und die richtigen Strategien. Wenn Sie sich vorstellen, wovon Sie alles Abschied nehmen müssen, und was Sie alles neu erarbeiten müssen, dann verstehen Sie, daß dazu keine Zeitangaben gemacht werden können. Wenn Ihr Partner stirbt, müssen Sie Abschied nehmen von der

Zweisamkeit im Bett, der finanziellen Absicherung, davon, im Alter versorgt zu sein, von der Begleitung bei Festlichkeiten, beim Theaterbesuch, der handwerklichen Unterstützung im Haus, der Reisebegleitung, von Wünschen, was Sie in der Zukunft noch gemeinsam erleben wollten und noch von vielem mehr.

Der Prozeß der Heilung ist wie eine Bergbesteigung. Es hilft Ihnen nicht, sich zu erinnern, wie schön es früher mit dem Verstorbenen auf dem Gipfel war. Jetzt sind Sie im Tal und, wenn Sie wieder auf den Gipfel wollen, müssen Sie aufsteigen und die Mühen in Kauf nehmen. Sie beginnen im Tal bei Schmerz, Wut, Angst, Einsamkeit und steigen langsam höher. Ein manches Mal müssen Sie wieder ein Stück absteigen, weil der Weg im Moment für Sie noch zu steil und unbegehbar ist. Sie werden ein manches Mal denken, nie höher zu gelangen. Aber Sie können an den Gipfel gelangen. Wie lange Sie bis zum Gipfel brauchen werden, kann ich nicht sagen, aber ich kann sagen, daß andere Menschen auch schon auf den Gipfel gelangt sind. Am Gipfel erwartet Sie eine neue Lebensperspektive, wieder Lebensfreude und die Fähigkeit, den Blick nach außen in die Umwelt zu lenken. Manche Menschen bleiben im Tal und klagen das Schicksal an, warum sie nach unten mußten. Andere bedauern sich und hoffen, daß sie jemand hochzieht. Wiederum andere bleiben mitten auf der Strecke stehen und weigern sich, höher zu klettern. Doch es gibt auch diejenigen, die Tag für Tag ihre Arbeit tun, um aus dem Tal herauszukommen. Sie nehmen die Mühen auf sich, weil es sich lohnt, wieder einen Überblick und Ausblick zu haben. Wollen Sie mit mir den Berg besteigen?

Es gibt keine Abkürzung auf dem Weg zum Gipfel, aber einen ausgetrampelten Pfad, auf dem schon viele Tausende gegangen sind. Ich kann Sie begleiten, jedoch nicht für Sie gehen.

Wann Sie unbedingt therapeutische Hilfe in Anspruch nehmen sollten

- Wenn Sie sich ständig damit beschäftigen, daß Sie nicht mehr weiterleben möchten, und über eine Methode des Freitodes nachdenken oder gar schon Vorbereitungen dafür treffen.

Es ist natürlich, wenn Ihnen Gedanken, sich das Leben zu nehmen, durch den Kopf gehen. Doch, wenn Sie sich dauernd damit beschäftigen, sollten Sie die Chance wahrnehmen, sich mit einer anderen Person darüber zu unterhalten, ob wirklich alles ausweglos ist. In den ersten Phasen der Trauer sind wir häufig so verwirrt in unseren Gedanken, daß wir unsere Lage als ausweglos ansehen, obwohl sie es gar nicht ist.

- Wenn Sie aus Ihrem Schmerz herauskommen möchten, aber keinen Weg sehen, dorthin zu gelangen.
- Wenn Sie nicht in der Lage sind, sich adäquat um sich selbst zu kümmern, beispielsweise sich überhaupt nicht gesund ernähren oder der Körperhygiene keinerlei Beachtung mehr schenken.
- Wenn Sie länger als vier Wochen Beruhigungsmittel und Schlafmittel nehmen, zuviel Alkohol trinken, zuviel essen oder zuwenig essen.
- Wenn Sie gerne Unterstützung bei der Trauerarbeit haben möchten, beispielsweise jemanden, dem Sie von Ihrem Schmerz erzählen können, ohne den Kommentar zu hören: „Du mußt jetzt allmählich darüber hinwegkommen".

Bitte begleiten Sie mich noch ein Stück auf dem Weg zum Gipfel. All das, was Sie verspüren - Ihren Schmerz, Ihre Angst, Ihre Verzweiflung, Ihre unendliche Einsamkeit, die Sehnsucht, aber auch die Wut sind uns Menschen eigen. Wir werden mit der Fähigkeit geboren, um einen Verlust zu trauern. Wir werden aber auch geboren mit der Fähigkeit, einen Verlust anzunehmen und zu überwinden.

Zwei Bäume im Park

Zwei große Bäume stehen dicht beieinander in einem Park. Sie kennen sich schon seit frühester Jugend. Die Äste des einen Baumes ragen in die Krone des anderen. Beide haben sich gegenseitig hervorragend einander angepaßt. Im Frühjahr entfalten sich zur gleichen Zeit die ersten Blätter. Da, wo die einen Äste sich weiter ausdehnen, hält sich der andere Baum zurück. Beide nehmen Rücksicht aufeinander. Im Herbst machen sich beide für den Winter bereit.

Sie schützen sich gegenseitig vor starkem Wind. Der eine Baum gewährt dem anderen Schatten. Sie holen sich aus dem Boden ihr Wasser und teilen es sorgfältig. So haben sich beide gemeinsam entwickelt, sind alt geworden und haben schon viele Jahresringe gemeinsam aufgebaut.

Eines Tages schlägt der Blitz in einen der Bäume ein und fällt diesen. Er wird wortlos von Waldarbeitern abtransportiert. Der andere Baum bleibt alleine zurück. Er kann einfach nicht glauben, daß sein geliebter, treuer Nachbar nicht mehr da sein soll. Wo sie sich doch für den nächsten Winter schon so viel vorgenommen hatten. Er wünscht, einfach nur einen bösen Traum geträumt zu haben, und morgen nach dem Aufwachen sei alles wieder in Ordnung. Doch am nächsten Morgen ist er immer noch allein. Er schaut suchend umher, doch er kann seinen Nachbarn nirgendwo entdecken. Er fühlt sich nackt und hilflos. Jetzt erst wird ihm bewußt, daß er all die Jahre vom anderen Baum Schutz geboten bekommen hatte. Er bemerkt, daß er auf der Seite, die dem anderen Baum zugewandt war, schwächer entwickelt ist. Die Äste sind kürzer und weniger dicht mit Blättern übersät. Ja, er muß sogar aufpassen, sich nicht nach der anderen Seite zu neigen und umzufallen. Der Wind fährt ihm garstig in die schwache Seite.

Wie schön wäre es doch, wenn sein Nachbar noch da wäre. Er beginnt zu hadern, warum der Blitz ausgerechnet in seinen Nachbarn einschlagen mußte. Es gibt doch noch mehr Bäume im Park. Er hat Angst vor dem langen, harten Winter, den er jetzt alleine durchstehen muß. Er seufzt, fühlt sich sehr einsam.

Warum konnte der Blitz denn nicht sie beide treffen? Nie mehr würde er so einen Nachbarn finden, mit dem er alles teilen könnte. Nie mehr könnten er und sein Nachbar über gemeinsame schöne Stunden sprechen, die sie beide erlebt hatten. Hätte er am Ende seine Äste weiter zu seinem Nachbarn hinstrecken sollen, daß der Blitz auch ihn hätte treffen können? So quält er sich mit Schuldgefühlen, Ängsten und Verzweiflung. Die Sonne scheint wie immer und sendet ihre wärmenden Strahlen, doch er verspürt sie nicht. Es wird Winter und er verbringt die Zeit alleine. Er überlegt, ob dies wohl der Sinn des Lebens sei.

Eines Nachts, als er wieder einmal grübelte, kam ihm die Idee, daß er sich im nächsten Frühjahr sehr anstrengen könnte, besonders die Äste seiner schwachen Seite wachsen zu lassen. Er könnte versuchen, die

leeren Stellen, die der Nachbar mit seinen Ästen ausgefüllt hatte, zu füllen. Er hatte ja jetzt mehr Platz, sich auszubreiten. Er mußte keine Rücksicht mehr nehmen und hatte Nahrung für zwei.
So begann er, all seine Energien darauf zu verwenden, die Lücke, die sein Nachbar hinterlassen hatte, allmählich auszufüllen. Ganz vorsichtig ließ er neue Äste wachsen. Es dauerte, aber er hatte ja Zeit. Und manches Mal war er sogar ein klein bißchen stolz darauf, alleine gegen die Kälte und die Winde anzukämpfen. Er wußte, daß es nie mehr so sein würde wie früher - aber wenn der Nachbar jetzt noch einmal kommen würde oder gar ein neuer Nachbar, hätte er nicht mehr so viel Platz zur Verfügung wie früher. Eines wußte er genau. Er würde den alten Nachbarn nie vergessen, denn er hatte ja die ersten 50 Jahresringe mit ihm gemeinsam verbracht. Zu jedem Jahresring konnte er gemeinsam erlebte Geschichten erzählen. Zu den letzten drei Jahresringen hatte er zu erzählen, wie er gelernt hat, allein zu leben, seinen Ästen eine neue Richtung zu geben und seinen Platz im Park neu zu gestalten.

- 3 -
Wie Kinder trauern

Kinder trauern anders als Erwachsene. Wie Kinder mit dem Tod umgehen, ist abhängig von deren Alter. Kinder empfinden den Tod auch als schmerzhaft, aber ihnen fehlt, abhängig vom Alter, der Begriff von Zeit und Endgültigkeit. Außerdem haben sie bis zu einem bestimmten Alter noch magische Vorstellungen vom Tod.

Als mein Vater starb, war ich gerade 10 Jahre alt. Mein Vater hatte eine lange Leidenszeit hinter sich und ich hatte irgendwie gespürt, daß er sterben würde. In der Zeit vor seinem Tode weinte ich häufig in der Schule. Als mich einmal eine Lehrerin darauf ansprach, sagte ich ihr, mein Vater liege im Sterben. Nach seinem Tod machte ich mir über ein Jahr lang Schuldgefühle, weil ich dachte, er wäre gestorben, weil ich das in der Schule erzählt hätte. Ich entwickelte für mich ein Ritual, das ich jeden Abend im Bett durchführte, um meinen "Fehler" wiedergutzumachen. Ich erlebte meine Mutter als sehr verzweifelt und hilflos, sodaß ich ihr nichts davon erzählte. Nach dem Tod meines Vaters schlief ich jahrelang im Ehebett neben meiner Mutter. Fast jede Nacht wachte ich mit der Angst auf, sie könnte auch sterben. Ich lauschte solange, bis ich ihren Atem vernahm, dann konnte ich erst wieder einschlafen. Bis zu meinem Studium kämpfte ich bei jedem Abschied von einem Menschen, und sei es auch nur für einen längeren Urlaub, mit den Tränen und fühlte mich verlassen. Auf der einen Seite haßte ich es, wenn meine Mutter immer wieder weinte und an den Vater erinnerte, auf der anderen Seite war ich selbst auch sehr traurig. Ich kämpfte gegen meine Gefühle und die meiner Mutter an. Ich wollte sie nicht traurig sehen und auch wieder Spaß im Leben haben. Manchmal gab ich dem Vater die Schuld, daß die Mutter so traurig war.

Ich habe an mir erlebt, daß ich mich bis weit in mein Erwachsenenleben hinein immer wieder schmerzlich mit dem Tod meines Vaters auseinandersetzen mußte. Auch heute gibt es noch viele Augenblicke, in denen ich an ihn denke oder traurig bin, daß er nicht an meinem Leben teilhaben kann. Doch meine Gefühle ihm gegenüber haben sich verändert. Ich kann heute liebevoll an ihn denken, ohne zu weinen, aber auch mein Leben gestalten, ohne immer an ihn zu denken.

Der Verlust eines Elternteiles in der Kindheit muß in jedem Lebensabschnitt während des Heranwachsens erneut betrauert werden. Wenn Kinder nicht angemessen um den Verlust eines Familienmitgliedes trauern, kann es im späteren Leben zu Störungen wie Angst vor enger Bindung, vor einer Schwangerschaft, vor Depressionen kommen.

Der Verlust eines Elternteils

Die folgenden Angaben sollen lediglich als grobe Orientierungshilfe dienen. Wenn Sie Ihren Partner und Ihre Kinder ein Elternteil verloren haben, müssen Sie Ihre Kinder beobachten und selbst merken, was sie im jeweiligen Alter verstehen und was nicht.

Kinder im Alter von 2-3 Monaten
Wenn Kinder in diesem Alter ihre Mutter verlieren und ihre Bedürfnisse werden weiterhin erfüllt, kommt es nicht zu einem starken Knick in der Entwicklung. Unmittelbar nach dem Tod der Mutter muß eine andere Person jedoch die Aufgabe übernehmen, das Kind mit Essen, körperlicher Nähe und Zuwendung zu versorgen.

Kinder im Alter zwischen 6 Monaten und 1 Jahr
In diesem Alter können die Kinder schon zwischen einzelnen Personen unterscheiden, sodaß die Befriedigung ihrer Bedürfnisse nicht ohne weiteres auf eine andere Person übertragen werden kann.

Kinder zwischen 1 und 4 Jahren
In diesem Alter beginnt das Interesse der Kinder am Tod zu wachsen. Manchmal stellen sie Fragen wie „Friert die Oma im Winter in ihrem Grab?" oder „Wann kommt die Omi wieder?" immer und immer wie-

der. Kinder verstehen unter dem Tod einen vorübergehenden Zustand des Schlafens. Sie haben noch keinen Begriff davon, daß alle Menschen sterben müssen. Sie empfinden dennoch in diesem Alter schon Trennungsängste. In diesem Alter tauchen bereits Schuldgefühle auf, den Tod verursacht zu haben.Wichtig ist deshalb zu erklären, daß der Elternteil oder ein anderes Familienmitglied nicht gestorben ist, weil das Kind böse war. Redewendungen wie "Omi ist eingeschlafen" sind nicht hilfreich, da Kinder so nicht lernen können, mit dem Tod umzugehen. Die Kinder nehmen alles wörtlich und denken, Omi wacht auch wieder auf. Wichtig sind Rituale des Abschiednehmens - auch wenn es sich nur um den Tod des Hamsters handelt.

Kinder im Alter von 5 bis 9 Jahren

Kinder in diesem Alter verstehen schon, daß jemand gestorben ist. Sie stellen Fragen wie: „Wie ist das, wenn man tot ist?" oder „Muß Papi auch sterben?". Sie wissen jedoch noch nicht, daß das bedeutet, er kommt nie mehr wieder. Sie können noch nicht verstehen, daß man so lange traurig sein muß, wie es vielleicht die Eltern sind. Oft wird ihre Trauerreaktion wieder durch das Nicht-Wahrhaben-Wollen des Verlustes unterbrochen. Sie glauben daran, daß sie die magische Kraft besitzen, daß der Tote wieder zurückkehrt.

Wenn Eltern ihnen den Tod damit erklären, daß der Tote "eingeschlafen" ist, "von uns gegangen ist" oder "wir ihn verloren haben", bekommen sie die Idee, er würde wieder aufwachen, wiederkommen können oder wiedergefunden werden. Es können auch Ängste auftreten: „Wenn ich einschlafe, könnte ich auch sterben", sodaß das Kind abends nicht mehr ins Bett will. Die Redewendung „Er ist im Himmel und schaut dir zu" kann dazu führen, daß das Kind sich ständig beobachtet fühlt.

Manchmal erklären die Kinder sich den Tod auch damit, daß sie nicht lieb genug waren, und quälen sich mit Schuldgefühlen. Deshalb ist es wichtig, Kindern zu erklären, daß der verstorbene Elternteil nicht gestorben ist, weil ein Kind nicht brav war.

In diesem Alter ist es auch empfehlenswert, das Kind mit zur Beerdigung zu nehmen. Zuvor sollte man dem Kind erklären, was auf der Beerdigung passiert. Auf diese Weise kann das Kind erleben, daß der Elternteil wirklich tot ist, und besser Abschied nehmen. So können auch Phantasien vermieden werden, was auf der Beerdigung passieren könnte. Wenn das Kind sich weigert, mit auf die Beerdigung zu gehen oder dort zu bleiben, dann sollte man es nicht dazu zwingen.

Es ist wichtig, den Kindern im Laufe ihres Heranwachsens zunehmend mehr Informationen über den verstorbenen Elternteil zu geben.

Kinder im Alter von 9 bis 12 Jahren

Sie haben einen Zeitbegriff und wissen, was tot bedeutet. Sie sehen den Tod als unannehmbar an. Sie machen sich jetzt auch Sorgen darum, was sich nach dem Tod alles in ihrem Leben verändern wird, ob sie beispielsweise die Schule wechseln müssen, zu den Großeltern ziehen, ob die Mutter arbeiten gehen wird, ob ein Stiefvater kommen wird, usw.

In diesem Alter ist es wichtig, daß Kinder ihre Gefühle der Wut und Trauer ausdrücken dürfen. Viele Kinder bekommen indirekt oder direkt in diesem Alter auch den Auftrag, "jetzt auf die Mama aufpassen zu müssen oder wie die Mama für den Haushalt zu sorgen". Dies kann zu einer großen Belastung und Verantwortung führen, die das Kind überfordert.

Ab 12 Jahren

Die Jugendlichen reagieren ähnlich wie die Neun- bis Zwölfjährigen. Sie sind meist etwas verschlossener und neigen eher dazu, sich zurückzuziehen oder in Alkohol zu flüchten. Zudem haben sie eigene Probleme, sich vom Elternhaus zu lösen. Sie verstehen, was der Tod bedeutet, und daß sie auch einmal sterben werden.

Der Verlust eines Geschwisterchens

Der Tod eines Bruders oder einer Schwester kann eine traumatische

Erfahrung für das zurückbleibende Kind sein. Es hat mit dem Geschwisterchen das Zimmer geteilt, gemeinsam gespielt, gestritten und Geheimnisse gehütet. Einige Kinder reagieren mit Rückzug und Depression. Andere wiederum bekommen Angst, selbst zu sterben, oder die Eltern auch noch zu verlieren. Manche Kinder nehmen plötzlich Verhaltensweisen des verstorbenen Bruders oder der Schwester an. Manche Kinder entwickeln Schuldgefühle, noch am Leben zu sein. Die Eltern machen häufig den Fehler, über dem Tod des verstorbenen Kindes das noch lebende Kind zu vernachlässigen und ihm wenig Zuwendung zu geben. So entstehen Neid und Aggression gegenüber dem verstorbenen Familienmitglied, manchmal auch Phantasien, auch sterben zu wollen.

Wie sich bei Kindern der Verlust äußern kann

- Schuldgefühle, etwas falsch gemacht zu haben
- Wut, verlassen worden zu sein
- Angst, von dem anderen Elternteil auch verlassen zu werden
- Angst, selbst zu sterben
- Angst, kein Geld mehr zu haben und verhungern zu müssen
- Angst vor dem Einschlafen
- Angst vor der Dunkelheit, Alpträume
- Haß auf den zurückbleibenden Elternteil
- Konzentrationsstörungen, abfallende Leistung in der Schule
- Zurückfallen auf eine frühere Entwicklungsstufe (einnässen, Daumen lutschen, im Bett der Eltern oder nur mit Licht schlafen wollen)
- Ruhelosigkeit oder Passivität
- Anfälligkeit gegen Erkältungen, Neigung zu Unfällen
- Eßstörungen
- Nachahmen des verstorbenen Familienmitgliedes

Hilfreiche Reaktionen der Erwachsenen

Die Erwachsenen sollten die wiederkehrenden Fragen („Wann kommt die Mami wieder", „Wo ist die Mami?") immer wieder beantworten, und die Kinder dazu auffordern, über ihre Gefühle zu sprechen. Manchmal drücken Kinder ihre Gefühle nicht in Worten, sondern nur im Verhalten aus, indem sie beispielsweise wieder einnässen, in ihren schulischen Leistungen abfallen, sich nicht mehr konzentrieren können, im Bett der Eltern schlafen wollen, nur bei Licht einschlafen wollen. Es empfiehlt sich, das Kind bei sich einschlafen zu lassen und dann in sein eigenes Bett zu bringen.

Der Tod eines Elternteils kann starke Ängste hervorrufen. Kinder haben das Gefühl, ein Teil von sich selbst zu verlieren. Auch über die aufkommende Angst „Was ist, wenn du auch noch stirbst" sollte gesprochen werden. Wenn möglich, bestimmen Sie eine Person, zu der Ihr Kind bei Ihrem Tod gehen kann und die die Erziehung weiterführt. Geben Sie dem Kind verstärkt das Gefühl, gemocht und akzeptiert zu werden. Lassen Sie auch Gefühle der Wut und Schuld zu und hören Ihrem Kind zu, ohne seine Worte zu bewerten. Sagen Sie ihm, daß der Vater es nicht verlassen wollte und daß niemand an seinem Tod schuld ist. Erklären Sie Ihrem Kind, daß tot sein bedeutet, nicht mehr zu leben, zu arbeiten, zu essen, zu schlafen und nicht mehr zurückzukommen. Der Tod ist nicht ansteckend, tut nicht weh. Es tut auch nicht weh, wenn man einen Toten sieht oder anfaßt. Vermeiden Sie Aussagen wie „Der Vati wohnt im Himmel" (Ihr Kind folgert daraus: „dann kann er nicht tot sein" oder „dann muß ich immer lieb sein, denn er sieht alles"), „Die Engel haben Vati mitgenommen" (Ihr Kind folgert daraus: „dann können sie ihn auch wieder bringen"), „Vati geht es gut" (Ihr Kind fragt sich dann: „Warum weint dann Mami?").

Kinder nehmen alle Aussagen wörtlich. Nehmen Sie die Kinder mit auf die Beerdigung und die Trauerfeier. So können sie sehen, was passiert, wie andere Menschen bei Trauer reagieren, und daß der Vater wirklich tot ist. Erklären Sie vorab, was auf die Kinder zukommen wird. Wenn das Kind über das verstorbene Familienmitglied spricht, geben Sie ihm das Gefühl, es sei in Ordnung, darüber zu sprechen. Überlassen Sie Ihrem Kind ein Fotoalbum, das es immer wieder anschauen kann, wenn es für Sie zu schmerzhaft ist, mit ihm die Bilder anzuschauen. Fordern Sie das Kind auf, Gefühle niederzuschreiben oder dem verstorbenen Familienmitglied einen Brief zu schreiben. Sprechen Sie mit Ihrem Kind über Ihre Gefühle in einer für das Kind angemessenen Weise. Sagen Sie ihm beispielsweise, daß Sie traurig sind, wenn Sie an Papa denken, daß Sie es lieben und daß Sie auch wieder fröhlich sein werden. Sprechen Sie auch über Ihre Wut. Geben Sie Ihrem Kind das Gefühl, daß Sie die Verantwortung für die Familie tragen können und es Vertrauen haben kann. Das Wichtigste, was Sie anbieten können, ist, Ihr Kind zu lieben. Schenken Sie ihm Ihre Aufmerksamkeit, nehmen Sie es oft in Ihre Arme und sprechen Sie mit ihm darüber, was geschehen ist. Machen Sie ihm deutlich, daß es sich auf Sie verlassen kann. Seien Sie pünktlich und zuverlässig und belügen Sie das Kind nicht. Seine Welt ist durch den Verlust so ins Wanken gekommen, daß es jetzt besonders viel Zuverlässigkeit benötigt. Das Kind kann leichtere Hausarbeiten übernehmen, um das Gefühl zu bekommen, auch etwas zur Familie beizutragen. Es kann jedoch nicht Ihre Rolle einnehmen oder Sie beraten.

Achten Sie darauf, daß das Kind nicht die Aufgaben des verstorbenen Familienmitgliedes übernimmt. Dadurch kann die natürliche Entwicklung des Kindes gefährdet werden. Es kann sich überfordert fühlen oder aber kann bestimmte notwendige kindliche Entwicklungsstufen nicht durchlaufen. Wenn Sie später einen neuen Partner suchen wollen, würde sich das Kind zudem überflüssig fühlen.

In den verschiedenen Altersstufen muß immer wieder über den Tod des Elternteils gesprochen werden, denn das Kind wird den Tod immer entsprechend seiner emotionalen und intellektuellen Entwicklung erfassen können. Kinder, die einen Elternteil verlieren, durchlaufen sehr häufig nicht den ganzen Trauerprozeß. Häufig wird er erst als Erwachsener vollendet.

Es ist sinnvoll, Kindern sowohl die Stärken, als auch die Schwächen des verstorbenen Familienmitgliedes zu erklären, um die Gefahr der Idealisierung zu mindern. Vermeiden Sie möglichst gleich nach dem Tod jegliche größere Veränderung wie Umzug oder Schulwechsel. Dies würde einen zusätzlichen Verlust bedeuten, mit dem Ihr Kind fertig werden muß. Benachrichtigen Sie die Schule und alle Personen, die engen Kontakt zu Ihrem Kind haben, sodaß es eine besondere Aufmerksamkeit bekommt. Sagen Sie ihm, daß es auf alle Fragen der Umwelt, die es nicht beantworten kann oder möchte, sagen soll: „Bitte fragen Sie meine Mutter".

„Das klingt alles schön und gut. Aber wenn ich dazu nicht in der Lage bin. Ich habe doch selbst genug mit mir zu tun."

Vielleicht gingen Ihnen gerade diese Gedanken durch den Kopf. Ich weiß, daß Sie im Augenblick genug mit Ihrem eigenen Schmerz zu tun haben. Vielleicht hassen Sie sogar Ihre Kinder, weil Sie "wegen ihnen" am Leben bleiben müssen. Ich weiß, daß Sie im Augenblick unfähig sind, Entscheidungen zu treffen, und vielleicht Ihr Kind um Rat fragen oder ihm von Ihren Sorgen erzählen, was Ihr Kind jedoch sehr belastet. Ich weiß, daß Sie im Augenblick kaum Geduld aufbringen können, daß Sie die Fragen der Kinder nach dem Vater kaum ertragen können. Ich weiß auch, daß Sie sich mit der Forderung „Ich muß Geduld mit den Kindern haben und besonders lieb sein, weil ich jetzt auch den Vater ersetzen muß" sehr unter Druck setzen. Ich weiß, daß Sie sich ohnehin schon starke Schuldgefühle machen, eine "schlechte" Mutter zu sein. Ich weiß, daß Sie sich ohnehin schon täglich zusammenreißen, um den Kindern gegenüber stark zu erscheinen und den Verlust auszugleichen. Ihre eigenen Gefühle des Schmerzes und der Verzweiflung verschwinden jedoch nicht, nur weil Sie den Kindern gegenüber "stark sein müßten".

Meine Mutter hat in der Zeit nach dem Tod meines Vaters sehr oft geweint und geäußert, daß sie sich zu meinem Vater auf den Friedhof legen möchte. Ich habe dann immer sehr starke Angst empfunden, sie würde eines Tages nicht mehr vom Friedhof zurückkehren. Ich habe versucht, besonders lieb zu sein, um ihr eine Freude zu machen. Ich habe mich schuldig gefühlt, daß sie so traurig ist. Ich habe jedesmal, wenn ich mir etwas wünschte oder für die Schule brauchte, Angst gehabt, es zu äußern, weil es unsere finanziellen Möglichkeiten überschreiten könnte. Ich hatte Angst, über meine Probleme zu sprechen, weil sie sich dann so viele Sorgen machte und sich überfordert fühlte. Meine Mutter hatte die Idee, alle Welt würde auf sie schauen, wie sie ihre Kinder ohne den Mann erzieht, und war jedesmal entsetzt, wenn ich mich nicht gut benommen habe. Sie war sehr gereizt und reagierte schnell mit Schreien, was ich damals nicht verstand. Manchmal wünschte ich mir, auch zu sterben, weil ich mich von ihr nicht geliebt fühlte. Ich haßte sie dafür, daß sie regelmäßig an Weihnachten weinte und an den Vater erinnerte, daß sie immer wieder sagte: „Wie schön wäre es, wenn der Papa das noch erleben könnte". Ich wollte mich auch wie andere Kinder an Fasching verkleiden und lustig sein und verstand nicht, warum Mutter immer noch traurig war. Ich erlebte sie als unselbständig und hilflos und wünschte mir immer, eine starke, lebensfreudige Mutter zu haben.

Heute verstehe ich, wie schwer die Zeit für meine Mutter war. Heute kann ich ihr verzeihen und fühle mich mit ihr verbunden. Es tut mir leid, daß ich damals nicht verstehen konnte, was sie erlebte und durchmachte. Sie war damit überfordert, auf mich einzugehen und mir zu geben, was ich gebraucht hätte.

Auch Sie, liebe Leserin, lieber Leser, werden Fehler machen. Sie werden Ihrem Kind nicht das geben können, was es bräuchte. Der Verlust macht uns zu einem selbstbezogenen Menschen. Wir sind nicht mehr in der Lage, uns um andere zu kümmern. Bitte verzeihen Sie sich das. Sie können nur das geben, was Ihnen im Augenblick möglich ist. Wenn Sie denken, die Kinder bräuchten mehr Unterstützung, wenden Sie sich an eine Erziehungsberatungsstelle, eine Schulpsychologische Beratungsstelle, eine Beratungsstelle der Kirche oder einen Kinderpsychotherapeuten (Adressen finden Sie im Telefonbuch). Vielleicht gibt es in Ihrem Familien- oder Freundeskreis einen Menschen, der mehr Kraft hat und Ihrem Kind jetzt im Augenblick mehr Zuwendung geben kann. Die Miteinbeziehung eines anderen Menschen ist kein Beweis für Ihre Unfähigkeit, Ihr Kind zu erziehen. Es ist ein Beweis dafür, daß Sie wissen, wo Ihre Grenzen sind, und Sie diese akzeptieren.

Sie können nur Ihr Mögliches geben. Sie haben, als Sie die Kinder in die Welt setzten, es mit der Absicht getan, ihnen eine schöne Kindheit zu ermöglichen und ihnen alles zu geben. Daß es so kam, wie es jetzt ist, war nicht Ihre Entscheidung. Sie können den Verlust nicht ungeschehen machen und auch nicht so weiterleben, als ob nichts geschehen wäre. Ihre Verzweiflung, Angst, Wut und Ungeduld sind normale Reaktionen auf Ihren Verlust. Sie und Ihre Kinder haben nun die Aufgabe, zu lernen, mit diesem Verlust zu leben. Wir können keinen Schuldigen finden. Ihre Kinder werden Sie später verstehen und auch daran arbeiten können, wenn Sie sich nicht so verhalten haben, wie es fröhliche und optimistische Eltern tun. Ihre Kinder lernen stattdessen etwas anders: Sie lernen, sich mit Verlusten im Leben auseinanderzusetzen. Sie lernen an Ihrem Modell, wie wir bei Verlust reagieren, und wie wir darum ringen, den Verlust als Bestandteil des Lebens zu akzeptieren.

Vorbereitung auf den Tod

Generell ist es für Kinder sehr hilfreich, sie schon vor dem Tod eines nahen Familienangehörigen mit dem Tod vertraut zu machen. Der Tod eines Nachbarn, eines Tieres, das Absterben von Pflanzen oder auch der Herbst, in dem die Blätter fallen, bieten Möglichkeiten hierzu. Leo Buscaglia vermittelt beispielsweise in seinem Buch <Aus dem Leben von Freddie, dem Blatt> anhand der Geschichte eines Blattes Kindern die Bedeutung von Leben und Tod. Wenn Sie Ihrem Kind den Tod am Beispiel eines Tieres oder eines entfernt bekannten Menschen erklären, sind Sie selbst nicht so betroffen und haben die Kraft, sich ganz auf das Kind zu konzentrieren. Sie können erklären, was ein Sarg ist, wie sich ein toter Körper anfühlt, und dabei Ihr Kind an der Hand nehmen, sodaß es sich sicher fühlt. Auch der Tod eines Großelternteils ist meist einfacher zu begreifen und weniger gefährlich für das Kind, weil der Tod mit dem Alter erklärt werden kann.

Wir können unseren Kindern die Erfahrung des Verlustes und des Schmerzes nicht ersparen. Wir können sie nur behutsam heranführen und sie darauf vorbereiten, was bei der Trauer in ihnen abläuft. Wir können ihnen nur vorleben, wie wir mit unseren Gefühlen umgehen und schrittweise den Verlust akzeptieren und uns eine neue Lebensperspektive aufbauen. Wir helfen ihnen nicht, wenn wir den Tod verschweigen, ihnen die Trauer ersparen, indem wir nach dem Tod des Lieblingstieres sofort einen Ersatz kaufen, oder unsere Trauer verbergen. Später werden unsere Kinder merken, daß das Leben nicht so läuft. Und sie werden fragen, warum habt ihr uns nicht darauf vorbereitet, daß es so hart ist?

- 4 -
Die verschiedenen Formen des Verlustes

Der Tod kann auf sehr vielfältige Weise in unser Leben eintreten. Er kann langsam schleichend mit stetigen Warnsignalen meist im Zuge einer chronischen, auf den Tod hinauslaufenden Erkrankung eines uns am Herzen liegenden Menschen an uns herantreten, oder uns plötzlich in Form eines Unfalls aus all unseren Träumen reißen. Wie stark der Tod uns entwurzelt und aus unserer bisher beschriebenen Lebensbahn reißt, ist davon abhängig, wie alt wir sind, in welcher finanziellen Situation wir uns befinden, wie eigenständig wir sind, ob noch kleine Kinder da sind, in welchem Gesundheitszustand wir uns befinden, ob wir in der Stadt oder auf dem Land leben, wie unsere Wohnsituation ist, etc. Wir können also nicht sagen, daß die eine oder andere Erfahrung mit dem Tod weniger oder schlimmer ist als die andere. Bei dem Tod meines Vaters war es beispielsweise so, daß meine Mutter mit zwei kleinen Kindern mit relativ geringer Rente, da mein Vater im Alter von 39 Jahren starb, isoliert in der Stadt zurückblieb. Sie hatte nie zuvor gearbeitet und keinen Freundeskreis, der sie unterstützte. Außerdem war sie nach fünf langen Jahren des Hoffens und Bangens, ob mein Vater den Krebs besiegen würde, ziemlich kraftlos.

Wir wollen uns nun im folgenden noch einmal verschiedene Formen des Verlustes anschauen und darüber sprechen, welche besonderen Probleme dabei auftreten können.

Der langsam schleichende Tod und die vorgreifende Trauer

Wenn sich der Tod beim Partner in Form einer chronischen Erkrankung ankündigt, so haben wir als Begleiter eine schwere Aufgabe vor uns. Wir fühlen uns gegenüber der Krankheit hilflos und ohnmächtig, müssen mitansehen, wie unser Partner immer mehr verfällt. Wir schwanken zwischen dem Bedürfnis, uns und dem Partner immer wieder neuen Mut zuzusprechen, und dem schon allmählichen Abfinden mit dem Sterben des Partners. Wir wünschen ab und zu dem Partner den baldigen Tod, wenn wir dessen Leiden nicht mehr mitansehen können, und machen uns gleichzeitig Schuldgefühle, daß wir solche Gedanken haben. Wir befinden uns auf einer Gratwanderung zwischen dem Loslassen, Damit-Abfinden und dem gleichzeitig Schuldig-Fühlen, weil der Partner noch lebt, und dem sich Mut-Machen und am Schluß dennoch zu scheitern, weil der Tod sich nicht um unsere Hoffnung kümmert.

Was aber ist, wenn wir uns innerlich schon verabschieden und auf Abstand gehen und dann tritt der Tod nicht ein? Wir erleben die Angst vor dem Allein-Gelassen-Werden, haben gleichzeitig aber auch Angst, schon vor dem Tod Vorbereitungen für die Zeit nach dem Tod des Partners zu treffen. Wir haben den Gedanken: „Wenn ich jetzt schon an danach denke, verrate ich meinen Partner". Wir wollen unsere Traurigkeit nicht zeigen, "weil der Partner dann denken könnte, wir hätten ihn schon aufgegeben". Wir wollen nicht mit dem Partner über den Tod sprechen, weil wir Angst vor unserer und seiner Hilflosigkeit haben. Selbst wenn der Arzt schon seit langer Zeit angekündigt hat, daß der Partner nur noch eine begrenzte Zeit zu leben habe, liegt es in unserer Hand, wie wir mit dieser Nachricht umgehen. Wir können sie verleugnen, und dann kommt der Tod ebenso plötzlich wie bei einem unerwarteten Unfall. Es gibt Krankheiten, die das Verleugnen des herannahenden Todes erleichtern, beispielsweise bestimmte Herzkrankheiten, aber auch solche, die es erschweren, wie z.B. eine Krebserkrankung. Wir können uns aber auch innerlich schon auf den Abschied vorbereiten und ein wenig Trauer vorwegnehmen. Wir können innerlich schon durchspielen, wie wir nach dem Tod des Partners unser Leben in den Griff bekommen können, was uns die Trauerarbeit später erleichtern wird.

Auf dem Weg der Trauerverarbeitung sind besonders folgende Punkte schwierig, aber hilfreich:

- Akzeptieren Sie all Ihre Gefühle, die Wut auf den Partner, wie auch

Schuldgefühle.

• Erledigen Sie sog. "unerledigte Geschäfte" vor dem Tod des Partners. Sprechen Sie beispielsweise aus, was Sie an ihm schätzen und worüber Sie enttäuscht sind, wie es mit dem Nachlaß, Wünschen bezüglich der Bestattung und dem Grab aussieht. Dies erleichtert die nachfolgende Trauerarbeit, weil weniger Schuldgefühle aufkommen, etwas nicht gesagt oder gefragt zu haben.

Hilfreich kann es für Sie sein, sich an eine Gruppe zur Sterbebegleitung zu wenden. Dort können Sie ohne Angst vor Verurteilung über Ihre Gefühle sprechen. Leider gibt es bei uns wenige Gruppen, die sich darauf spezialisiert haben. Die <Deutsche Gesellschaft für humanes Sterben>, deren Adresse Sie im Anhang finden, bietet Seminare hierzu an.

Der plötzliche Tod

Hierunter fallen Tod durch Unfall, plötzliches Herzversagen, Selbstmord und Mord.

„Es war ein Unfall. Ihr Mann ist tot". Wie sollen wir auf eine solche Nachricht reagieren? Wie immer haben wir uns am Morgen voneinander verabschiedet, und jetzt soll er nie mehr nach Hause kommen. Der erste Impuls ist Unglauben. Viele Untersuchungen zeigen, daß der Schockzustand und das Nicht-Wahrhaben-Wollen beim plötzlichen Tod viel länger dauert. Immer wieder wiederholen wir den Satz: „Das kann nicht wahr sein". Ein Gefühl der Unwirklichkeit kommt in uns auf. Wenn wir den Unfall und das Nicht-Wiederkehren erst einmal richtig erfassen, verspüren wir meist große Wut und Anklage gegenüber den Tätern, dem Schicksal oder Gott. Häufig suchen wir einen Sündenbock, sei es ein Kind in der Familie oder auch Ärzte, die Polizei, etc. Auch Rachegedanken kommen uns in den Sinn. Wir verspüren Schuldgefühle, weil wir uns vorwerfen „Wenn ich doch bloß das ... und das ... gemacht oder nicht gemacht hätte". Ungesagtes und Unerledigtes zwischen dem Verstorbenen und uns kann die Verarbeitung erschweren.

Wie schnell wir den Tod annehmen und unser Leben neu einrichten können, hängt auch hier wiederum von vielen Faktoren wie unserem Alter, Persönlichkeitsmerkmalen, unserer finanziellen und beruflichen Situation, Anzahl und Alter der Kinder, Gesundheitszustand etc. ab.

Generell geht aus Untersuchungen hervor, daß plötzliche, unerwartete Todesfälle schwieriger zu verarbeiten sind als solche, auf die wir uns einstellen können.

Auf dem Weg der Trauerverarbeitung sind besonders folgende Punkte schwierig, aber hilfreich:

- Machen Sie sich bewußt, daß der Angehörige wirklich tot ist, beispielsweise indem Sie den Toten noch einmal sehen, indem Sie von "tot" sprechen und immer wieder von dem Unfall erzählen.
- Überprüfen Sie, inwieweit eigene Vorwürfe, etwas versäumt zu haben, realistisch und hilfreich sind. Vertrauen Sie sich hierzu einer Freundin, einem Freund oder auch einer neutralen Person wie einem Arzt oder Therapeuten an.

Freitod

Wenn sich ein nahes Familienmitglied entscheidet, durch Selbstmord oder anders ausgedrückt durch Freitod aus dem Leben zu gehen, so ist dies für uns eine besondere Belastung. Wir verspüren besonders hier sehr viele Schuldgefühle („Hätte ich mehr auf ihn eingehen sollen?", „Ich hätte bemerken müssen, daß ..."). Wir quälen uns mit Vorwürfen, wir hätten den Tod verhindern können müssen. Besonders schuldig fühlen wir uns, wenn wir uns vor dem Freitod mit dem Partner gestritten haben oder uns von ihm gegen seinen Willen getrennt haben. Wir entwickeln infolge der starken Schuldgefühle vielleicht sogar das Bedürfnis, bestraft zu werden. Wir beginnen, uns selbst zu bestrafen, indem wir übermäßig essen, trinken, Drogen nehmen oder uns gar selbst Verletzungen zufügen. Wir verspüren in unserem Inneren auch Wut auf den Verstorbenen: „Wie konnte er mir so was antun!". Wir fühlen uns abgelehnt von dem Verstorbenen („Wenn er mich geliebt hätte, hätte er sich nicht umgebracht").

Der Freitod ist der am schwersten zu akzeptierende und am schwierigsten zu bewältigende Verlust für uns. In unserer Gesellschaft ist der Freitod immer noch ein Makel für die Familie. Häufig versuchen wir deshalb der Umwelt gegenüber, diese Form des Todes zu verheimlichen. Wir empfinden Scham, anderen Menschen von dem Freitod zu erzählen („Die könnten denken, er hat sich wegen mir das Leben genommen. Bei uns in der Familie stimmt etwas nicht."). Wir erzählen stattdessen von einem tödlichen Unfall und machen den Freitod nicht selten zu einem Familiengeheimnis. Erleben wir als Kinder den Freitod eines nahen Familienangehörigen, beschäftigen wir uns möglicherweise ein Leben lang mit dem Gedanken, daß wir uns am Ende auch das Leben nehmen und so "enden" könnten wie der Vater oder die Mutter. Manche von uns haben sogar die Vorstellung, die Neigung zum Selbstmord sei vererbbar.

Auf dem Weg der Trauerverarbeitung sind bei dem Freitod besonders folgende Punkte schwierig, aber hilfreich:

- Überprüfen Sie, inwieweit Sie überhaupt für den Freitod verantwortlich sein können. Ziehen Sie hierzu einen Freund, eine Freundin oder eine neutrale Person wie etwa einen Arzt oder Therapeuten zu Rate.
- Korrigieren Sie Ihre Vorstellung von dem Verstorbenen: „Sehe ich bei dem Toten nur Stärken und idealisiere ihn? Oder sehe ich nur Schwächen und verdamme ihn?"
- Erlauben Sie sich Zorn auf den Verstorbenen.

Der plötzliche Säuglingstod

Die Säuglinge sterben unbemerkt während des Schlafes und werden später tot aufgefunden. Als Eltern können wir uns nicht auf den Verlust vorbereiten. Da keine eindeutigen Ursachen festzustellen sind, bieten sich uns viele Möglichkeiten, uns Schuldgefühle zu machen. Zudem kommt die Polizei ins Haus und ermittelt nach Ursachen, was besonders quälend für uns ist. Über unseren Schmerz und die Hilflosigkeit hinaus müssen wir auch noch den Verdacht der Kindesmißhandlung oder Tötung über uns ergehen lassen. Im Wohnviertel kursieren dann meist Gerüchte, was passiert sei. Wenn ein Kind den plötzlichen Tod seines kleinen Geschwisterchens erlebt und zuvor neidisch auf den Säugling war, kann es bei ihm zu verstärkten Schuldgefühlen kommen.

Häufig gibt es nach dem Tod eines Babys durch plötzlichen Säuglingstod starke Konflikte in der Partnerschaft. Die Frau spricht meist mehr über ihre Gefühle und weint, während der Mann den Verlust eher für sich alleine verarbeitet. So hat die Frau den Eindruck, dem Mann sei der Verlust nicht nahe gegangen und er lasse sie allein in ihrem Schmerz. Der Mann spricht oft nie mehr über das verstorbene Baby. Häufig entsteht auch Angst vor einer neuen Schwangerschaft, und infolgedessen läßt das Interesse an der sexuellen Aktivität nach. Auch Zorn auf das Baby, auf das sich alle vorbereitet hatten, tritt auf. Zurückbleibende und spätere Kinder bekommen die Angst der Eltern, daß sich alles noch einmal wiederholen könnte, ebenfalls zu spüren.

Auf dem Weg der Trauerverarbeitung sind besonders folgende Punkte schwierig, aber hilfreich:

- Nehmen Sie bewußt Abschied von Ihrem toten Baby. Sehen Sie es noch einmal an und verabschieden Sie sich in Ruhe von ihm.
- Stimmen Sie der Obduktion zu, um letztendlich die Todesursache zu finden. Das Wissen um die wahre Todesursache kann Ihnen viele Schuldgefühle ersparen und auch die Klärung der Rechtsangelegenheiten erleichtern.

Es gibt verschiedene Selbsthilfegruppen in der BRD zum Plötzlichen Säuglingstod (IPS), in denen Sie über Ihren Schmerz sprechen können und sich verstanden fühlen. Die Adressen finden Sie im Anhang.

Fehlgeburt und Totgeburt

Wenn wir als Frau eine Fehlgeburt hatten, haben wir einen schmerzhaften Verlust zu betrauern. Meist erhalten wir den Beistand der Familie, die uns mit der Möglichkeit einer erneuten Schwangerschaft zu trösten versucht. Wir quälen uns nach einer Fehlgeburt häufig mit Selbstvorwürfen, was wir hätten anders machen sollen. Wir sind vielleicht auch auf unseren Mann wütend, weil er zuviel Sex während der Schwangerschaft haben wollte oder uns nicht in unserem Schmerz versteht. Der Mann versucht oft krampfhaft, sein Gesicht zu wahren und stark zu sein, oder aber ist unfähig, seinen Schmerz offen auszusprechen.

Auf dem Weg der Trauerverarbeitung sind besonders folgende Punkte schwierig, aber hilfreich:

- Nehmen Sie Abschied vom ungeborenen Baby: Es ist sogar für viele Frauen hilfreich, das Baby zu sehen und zu berühren, um die Wirklichkeit des Verlustes besser zu erkennen.
- Sehen Sie den Verlust als wirklichen Verlust an und erlauben Sie sich das Betrauern und Darüber-Sprechen.

Schwangerschaftsunterbrechung

Obwohl die Schwangerschaftsunterbrechung eine bewußte Entscheidung der Frau ist und sozusagen freiwillig herbeigeführt wurde, kann sie neben der Erleichterung auch zu einer Krise führen. Viele Frauen möchten die Abtreibung am liebsten aus ihrer Erinnerung verbannen und nicht darüber sprechen. Doch häufig klagen sie sich innerlich an und machen sich Selbstvorwürfe. Wann immer sie ein Baby sehen, können sie an ihr ungeborenes Kind erinnert werden und Schmerz empfinden. Auch bei der Schwangerschaftsunterbrechung ist es notwendig, sich Trauer zu erlauben.

Der Tod von Kindern

Wenn Kinder sterben, empfinden wir das immer als unnatürlich und ungerecht. Kinder sollten unserer Meinung nach nicht vor den Eltern sterben. Wenn die Kinder sterben, verlieren wir als Eltern ein großes Stück Zukunft und Inhalt für das eigene Leben. Waren unsere Kinder chronisch krank und wir mußten sie auf einem langen Weg des Leidens begleiten, haben wir auch hier mit vorgreifender Trauer zu kämpfen. Es gibt häufig Konflikte in unserer Ehe, weil jeder der beiden Elternteile sich anders mit dem Sterben des Kindes auseinandersetzt. Möglicherweise vernachlässigen wir auch unsere anderen Kinder oder behandeln sie ungerecht, worüber wir uns später schwere Vorwürfe machen.

Wir verspüren Neid auf andere Mütter, deren Kind noch leben darf. Wir empfinden vielleicht auch Freude, wenn wir in den Todesanzeigen entdecken, daß ein gleichaltriges oder gar jüngeres Kind auch gestorben ist. Auch die unterschiedliche Art und Weise, wie wir als Elternteile nach dem Tod unseres Kindes mit der Trauer umgehen, führt gehäuft zu Konflikten. Meist will der eine Teil immer wieder über das verstorbene Kind reden, während der andere (meist der Mann) nicht einmal noch den Namen hören will. Dies hat verschiedene Ursachen. Viele Männer sind aufgrund ihrer Erziehung unfähig, über Gefühle zu sprechen oder sie gar bewußt zu spüren. Von ihnen als Familienoberhaupt wird erwartet, sich unter Kontrolle zu haben. Während die Männer nach dem Schock alle bürokratischen Angelegenheiten abwickeln und wie Roboter funktionieren, können die Frauen sich auf ihre Trauerarbeit konzentrieren. Die Männer trauern nur dann, "wenn es ihre Zeit zuläßt", oder ignorieren ihre Gefühle gänzlich. Männer und Frauen können sich gegenseitig kaum Trost zusprechen. Deshalb ist es sehr empfehlenswert, therapeutische Unterstützung zu suchen. In Deutschland gibt es inzwischen auch viele Selbsthilfegruppen für "verwaiste Eltern", in denen Eltern sich über ihren Schmerz austauschen können. Im Anhang finden Sie eine Adresse, bei der Sie nach einer Selbsthilfegruppe in Ihrer Nähe fragen können.

Zusammenfassend läßt sich sagen, daß kein Verlust mit einem anderen vergleichbar ist, und daß jeder einzelne seine ganz persönliche Erfahrung macht, wie er mit dem Verlust umgeht. Wie die Gesellschaft generell mit dem Verlust umgeht, ob sie ihn überhaupt als Verlust anzusehen erlaubt, ob sie erlaubt, darüber offen zu sprechen und zu trauern, ob Hilfseinrichtungen und Selbsthilfegruppen zur Verfügung stehen, kann unsere persönliche Trauerarbeit erschweren oder erleichtern.

Verbietet uns die Gesellschaft, offen darüber zu trauern, brauchen wir noch mehr Mut und Kraft, offen zu unserem Verlust und zu unserer Trauer zu stehen und vielleicht sogar eine Selbsthilfegruppe ins Leben zu rufen. In den letzten Jahren gab es schon viele mutige Menschen, die gewagt haben, über ihren Schmerz zu sprechen, - und plötzlich haben ganz viele andere sie auf dem Weg begleitet und sich dazu bekannt, das gleiche erlebt zu haben. Möchten Sie auch mutig sein, zu Ihrem Schmerz zu stehen? Ich bin mir sicher, Sie werden unzählige Menschen finden, die Ihnen plötzlich ganz nahe und vertraut sind, weil sie genauso fühlen wie Sie.

- 5 -
Mythen zum Thema Tod

Trauer ist kein Zeichen von Krankheit.
Trauer ist ein menschliches Gefühl -
eine angemessene Reaktion auf einen Verlust.

In jeder Gesellschaft gibt es bestimmte Mythen zum Tod und zur Trauer. Diese Mythen bestimmen zu einem erheblichen Teil darüber, wie wir uns fühlen und wie wir mit unserer Trauer und dem Tod umgehen. Sie bestimmen, wie schnell wir ein neues Leben beginnen und Abschied nehmen können. Zum Teil hindern uns diese Mythen daran, uns mit dem Tod und der Trauer angemessen auseinanderzusetzen. Deshalb wollen wir uns die Mythen unserer Kultur einmal genauer anschauen, sie überprüfen und gegebenenfalls korrigieren.

1. Mythos

„Wenn ich mich mit dem Tod beschäftige,
wird er auch in mein Leben treten."
„Wenn ich nicht an den Tod denke,
kann ich ihn umgehen."

Hilfreiche Einstellung

Der Tod interessiert sich nicht dafür, ob ich für ihn bereit bin und mich auf ihn vorbereitet habe. Ich habe keine Macht über den Tod, ob ich an ihn denke oder nicht. Die Natur sieht die Unsterblichkeit nicht vor. Wenn ich mich vor dem "Ernstfall" mit ihm befasse und akzeptiere, daß es den Tod im Leben gibt und er auch nicht gerecht ist, werde ich besser damit umgehen können, wenn er in meiner Familie eintrifft.

2. Mythos

„Wenn ein naher Angehöriger stirbt, muß man stark sein
und darf seine Gefühle nicht zeigen".

Hilfreiche Einstellung

Gefühle der Trauer, Wut, Angst und Einsamkeit sowie Tränen sind absolut menschlich und angemessen bei dem Verlust eines lieben Menschen. Wenn ich meine Gefühle zeige, tue ich mir und meinem Körper einen Gefallen. Unterdrücke ich meine Gefühle, verschiebe ich sie auf später oder betäube mich durch Tabletten, schade ich mir nur damit. Ich vermeide, Abschied zu nehmen und zu trauern. Später können sich diese unterdrückten Gefühle durch psychosomatische Beschwerden bemerkbar machen. Ich werde deshalb meine Gefühle zeigen. Alle Gefühle haben eine Berechtigung. Ich muß lediglich darauf achten, daß ich mir und anderen nicht damit schade, wenn ich beispielsweise meine Wut ausdrücke.

3. Mythos

„Es gibt eine bestimmte Zeit,
bis wann man den anderen vergessen haben sollte."
„Man kann genau sagen,
wann jeder Mensch mit seiner Trauer zu Ende sein sollte."

Hilfreiche Einstellung

Ziel der Trauerarbeit ist es nicht, den verstorbenen Menschen zu vergessen. Das wäre sehr schade, denn mich verbinden mit ihm wichtige und schöne Erfahrungen. Es ist mein Ziel, nicht mehr so starken Schmerz bei der Erinnerung an ihn zu empfinden, ihn mit seinen Stärken und Schwächen zu akzeptieren und meinen Blick auf die Zukunft zu richten. Es gibt keinen bestimmten Zeitpunkt, bis zu dem ich die Trauerarbeit abgeschlossen haben muß. Ich allein bestimme die Zeit, die ich für die Trauer benötige, nach meinem Rhythmus, meiner Persönlichkeit, den Umständen, meinen Bemühungen und nach der Bedeutung, die ich dem verstorbenen Menschen zugemessen habe.

4. Mythos

„Wenn man seinen Partner wirklich geliebt hat,
darf man nie mehr glücklich sein."

Hilfreiche Einstellung

Ich kann in der Zukunft weder durch mein Leid noch durch mein Glück meine Liebe zu meinem verstorbenen Partner in Frage stellen. Meine Liebe ihm gegenüber und unsere gemeinsam erlebten glücklichen Stunden werden mir immer erhalten bleiben.
Wahre Liebe bedeutet, den Wunsch zu haben, daß der Partner glücklich ist. Deshalb kann ich in der Zukunft alles dafür tun, um mich zufrieden zu machen.

5. Mythos

„Es gibt kein schlimmeres Schicksal als meines".

Hilfreiche Einstellung

Ich helfe mir nicht, Schicksale miteinander zu vergleichen. Für jeden Menschen ist der Verlust, der ihm widerfahren ist, der schlimmste. Ich kann nur empfinden, was ich täglich fühle. Was anderen passiert, kann ich nur mitfühlen - und das meist nur über eine kurze Zeit.

6. Mythos

„Einen Verlust durch Tod kann man nie verwinden."

Hilfreiche Einstellung

Ich werde den Verlust eines geliebten Menschen nie vergessen. Ich kann jedoch daran arbeiten, daß er mich nicht mehr so schmerzt. Ich kann lernen, den Verlust zu akzeptieren, und mir einen neuen Lebenssinn zu geben. Von Geburt an hat der Mensch die Fähigkeit, sich auf veränderte Situationen einzustellen.

7. Mythos

„Die Zeit heilt die Wunden."

Hilfreiche Einstellung

Die Zeit allein bewirkt überhaupt nichts. Sie heilt weder Wunden, noch läßt sie Wunden entstehen. Es kommt darauf an, wie ich die Zeit nütze. Wenn ich die Zeit nütze, zu trauern, Abschied zu nehmen, und mich für neue Erfahrungen öffne, werde ich mit der Zeit wieder Freude empfinden und mich wohlfühlen können.

8. Mythos

„Trauer ist der Beweis dafür, daß man jemanden geliebt hat."
„Wenn man nicht um den Toten trauert und weint,
hat man ihn nicht geliebt."
„Je mehr man jemanden geliebt hat, umso stärker ist die Trauer."

Hilfreiche Einstellung

Ich kann ein Gefühl der Liebe nicht durch ein Gefühl der Trauer beweisen. Die Trauer ist ein Zeichen dafür, daß ich jemanden verloren habe, der mir wichtig war. Trauer ist ein egoistisches Gefühl. Ich trauere um mich, weil ich nicht mehr haben kann, was ich gerne haben möchte. Liebe dagegen ist ein Gefühl, was auf den anderen Menschen gerichtet ist.

9. Mythos

„Ein langsamer Tod ist leichter zu überwinden als ein plötzlicher."

Hilfreiche Einstellung

Menschen, deren Partner an einer chronischen Krankheit leidet und langsam stirbt, beginnen mit ihrer Trauerarbeit meist schon vor dem Tod des Partners. Auch wenn man absehen kann, daß ein geliebter Mensch in Kürze sterben wird, und man sich darauf einstellen kann, empfindet man den Verlust als schmerzlich.

10. Mythos

„Der Tod ist Gottes Wille, und man darf deshalb nicht trauern und klagen."

Hilfreiche Einstellung

Selbst wenn es einen Gott gibt, der über Tod und Leben entscheidet, sind wir Menschen dafür geschaffen, Trauer zu verspüren. Ich bin ein Mensch, der ausgestattet ist mit der Fähigkeit, auf Verlust mit Schmerz und Trauer zu reagieren. Deshalb darf ich sie auch verspüren und zeigen.

11. Mythos

„Wenn ich mich ablenke und nicht mit dem Verlust beschäftige, wird die Trauer verschwinden."

„Wenn ich mich schnell wieder in die Arbeit stürze und nicht an den Verlust denke, kann ich mir die Trauer ersparen."

Hilfreiche Einstellung

Ich kann die Trauer weder umgehen, noch den Weg durch die

Trauer abkürzen. Auf einen Verlust reagieren wir Menschen mit Trauer. Wenn ich mich vor der Trauer drücken will, so wird sie sich irgendwann in einer anderen Form äußern. Deshalb lasse ich sie jetzt zu und mache mich bereit zum Abschiednehmen. Ich muß von all meinen unerfüllten Wünschen und all dem Ungesagt-Gebliebenen Abschied nehmen.

12. Mythos

„Man sollte Kinder so lange wie nur irgendmöglich nicht mit dem Tod konfrontieren."

Hilfreiche Einstellung

Der Tod ist Bestandteil des Lebens. Es ist sinnvoll, Kindern deshalb den Tod als Erfahrung im Alltag nicht vorzuenthalten. Sie können anhand kleinerer Verluste lernen, welche Gefühle man dabei verspürt, und wie man mit ihnen umgeht.

13. Mythos

„Niemand kann mir in meiner Trauer helfen."

Hilfreiche Einstellung

Es ist richtig, daß niemand mir die Trauer abnehmen kann. Doch kann es eine große Hilfe für mich sein, mit anderen Menschen - besonders mit solchen, die einen ähnlichen Verlust erlebt haben - über meine Gefühle und Gedanken zu sprechen.

14. Mythos

„Wenn man jemanden durch Tod verliert, dann muß man etwas Schlimmes getan haben, um so bestraft zu werden."

Hilfreiche Einstellung

Man "verdient" den Verlust eines Partners nicht. Der Tod ist keine

Bestrafung für etwas, das ich in meinem Leben falsch gemacht habe. Er kommt zu "guten" und zu "schlechten" Menschen. Der Tod kommt, weil wir in einer Welt leben, zu der der Tod gehört.

15. Mythos

„Wenn man jung ist, stirbt man nicht."

Hilfreiche Einstellung

Auch meine Kinder können sterben und zwar bereits vor mir. Jungsein ist keine Garantie dafür, vom Tod noch eine Weile verschont zu werden.

Haben Sie Ihre eigenen Einstellungen in der Liste wiedergefunden? Dann ist es sinnvoll für Sie, sich ab und zu die dazu gehörigen hilfreichen Einstellungen durchzulesen, damit Sie sich nicht verwirren. Die hilfreichen Einstellungen mögen am Anfang für Sie wie eine Lüge oder bittere Ironie klingen. Es ist in Ordnung, wenn Sie es so erleben. Lesen Sie sie dennoch immer einmal wieder durch. Sie werden Ihnen die Trauerarbeit erleichtern helfen.

- 6 -
Tod und Religion

Für viele Menschen ist der Glaube an Gott und an ein Leben nach dem Tode gerade in der Phase der Trauer sehr hilfreich. Sie übergeben all ihr Vertrauen in den Schöpfer, der sich wohl etwas dabei dachte, ihnen den Partner zu nehmen. Andere wiederum beginnen gerade in der Trauerphase damit, die Gerechtigkeit Gottes in Frage zu stellen: „Kann das der liebende und beschützende Gott sein, der mir einen solchen Schmerz zufügt?". Sie beginnen ein manches Mal sogar damit, sich ihr Gehirn zu zermartern, was sie im Leben falsch gemacht haben, um dermaßen bestraft zu werden. Nur wenn sie etwas finden, wofür sie ihrer Meinung nach den Verlust verdient haben, glauben sie an die Gerechtigkeit Gottes. Den Trauernden quält meist Wut, Enttäuschung und Schuld:

- Wut auf Gott, daß er den Tod zugelassen hat,
- eine Enttäuschung darüber, daß Gott ihm, obwohl er immer den christlichen Vorsätzen gefolgt ist, seinen Partner genommen hat, und
- Schuldgefühle, daß Gott ihm den Tod als Bestrafung für begangenes Unrecht geschickt hat.

Ich persönlich glaube nicht an den strafenden Gott. Ich sehe es auch als natürlich an, daß man all diese Gefühle gegenüber Gott empfindet. Ich denke, die Welt ist so angelegt, daß Menschen, Tiere und Pflanzen kommen und gehen. Erst durch das Sterben gibt es die Möglichkeit für die Entstehung neuen Lebens. Die Welt ist so angelegt, daß wir Trauer empfinden müssen, aber auch die Fähigkeit haben, die Trauer zu überwinden. Wir können und müssen uns nicht "verdient machen", zu leben und zu sterben. Wir können die Existenz des Todes nicht verhindern. Wir müssen lernen, ihn als ein ganz normales Ereignis, was uns vielfach im Leben begegnet, anzunehmen. Wir haben die Möglichkeit, daran zu arbeiten, den Tod zu akzeptieren und ihn in unserem Leben zu erwarten, anstatt ihn als Feind anzusehen, gegen den wir kämpfen müssen und den Kampf dennoch verlieren. Andere Kulturen sind an diesem Punkt viel weiser wie wir.

Die wohlgemeinte Botschaft vieler Pfarrer, daß "der Verstorbene jetzt bei Gott ist und es ihm gut geht", ist wenig hilfreich. Sie erspart uns nicht den Schmerz, den wir hier auf Erden erleben. Sie erspart uns nicht die Arbeit, von dem, was uns der Tote bedeutet, Abschied zu nehmen, und nach neuen Zielen Ausschau zu halten.

Unser Glaube an Gott kann hilfreich und hinderlich sein. Menschen, die glauben, Gott steht ihnen im Leid bei und versteht ihre Gefühle, fühlen sich durch den Glauben gestärkt. Auch der Glaube an ein Leben nach dem Tod und ein Wiedersehen des Verstorbenen nach dem eigenen Tod kann lebenserhaltend sein. Die Unterstützung durch die Gemeinde und den Pfarrer kann für den einzelnen ebenfalls auf dem Weg durch die Trauer hilfreich sein.

Der Glaube hat dann schädliche Auswirkungen, wenn wir denken, Gläubigen sollte die Trauer erspart bleiben. Auch religiöse Vorstellungen, daß wir als gläubige Menschen keine Wut, keinen Schmerz und kein Hadern verspüren sollten, sind wenig hilfreich. Aussagen wie „Es war Gottes Wille", können dazu führen, daß wir glauben, keine negativen Gefühle zeigen zu dürfen. Wir haben dennoch all die Gefühle und vergraben sie dann im Innern, was wiederum unsere Trauerarbeit hemmt und möglicherweise zu psychosomatischen Beschwerden führen kann.

Gläubig oder ungläubig, wir müssen denselben Weg der Trauer durchleben. Wir durchleben die Gefühle der Trauer, Wut, Angst, Einsamkeit und Verzweiflung. In unserem Körper äußert sich die Trauer in heftigen körperlichen Reaktionen.

Der Glaube an Gott ist dann hilfreich, wenn Sie akzeptieren, daß allen Menschen eigen ist, auf den Verlust eines lieben Menschen seelisch und körperlich zu reagieren. Alle Gefühle der Trauer sind menschlich. Lernen Sie aus der Bibel, sich mit diesen Gefühlen anzunehmen und sich Mut zum Weiterleben zu holen.

„Gibt es ein Leben nach dem Tode? Werde ich meinen Partner wiedersehen?"

Auf diese häufig von trauernden Menschen gestellte Frage kann ich keine Antwort geben. Da es bisher nicht gelungen ist, eindeutige Beweise für ein Leben nach dem Tode zu finden, ist das eine Frage des persönlichen Glaubens. Es kann für einen Trauernden jedoch sehr trostvoll sein, daran zu glauben, seinen Partner nach dem Tode wiederzusehen. Gleichgültig jedoch, ob es ein Wiedersehen geben wird oder nicht, es ist für den Trauernden auf jeden Fall sinnvoll und erstrebenswert, im diesseitigen Leben Frieden zu finden.

- 7 -
Die Macht unserer Gedanken

Eines der mächtigsten Instrumente, das wir Menschen besitzen, ist unser Geist. Mit unseren Gedanken bestimmen wir zum Großteil, wie wir uns fühlen und wie unser Körper reagiert. Mit unseren Gedanken und Vorstellungen steuern wir auch unser Verhalten. Wenn wir nicht mehr denken können, verlieren wir das, was uns Menschen auszeichnet. Einen Großteil der Zeit laufen unsere Gedanken automatisch ab, sodaß wir uns nicht bewußt sind, daß wir überhaupt etwas denken, und was wir genau denken.

Jeder Gedanke, der uns durch den Kopf geht, führt automatisch dazu, daß sich in unserem Körper etwas tut. Beispielsweise führen negative Gedanken dazu, daß wir schneller atmen, sich unsere Muskeln anspannen, unser Herz schneller schlägt und der Stoffwechsel sich verändert. Negative Gedanken führen dazu, daß sich unser Körper bereit macht zum Kampf oder zur Flucht, oder auch zur Passivität. Negative Gedanken führen zu Gefühlen von Depression, Wut, Neid, Eifersucht und Angst. Positive Gedanken dagegen führen zu Gefühlen der Freude und Liebe. Neben positiven und negativen Gedanken haben wir auch noch neutrale Gedanken, die weder positiv, noch negativ sind. Wir fühlen uns dann ruhig und gelassen.

„Was hat nun all das mit meiner Trauer zu tun?", werden Sie sich vielleicht fragen. Nun, ich möchte es Ihnen erklären.

Wenn wir einen lieben Menschen verlieren, dann durchlaufen wir verschiedene Phasen der Trauer. Unsere Gedanken, unsere Gefühle, unser Körper und unser Verhalten sind daran beteiligt, den Verlust zu verarbeiten.

Phase 1: Schock und Leugnung

Wir denken: „Das darf nicht wahr sein. Gleich geht die Tür auf und er kommt wieder". In unseren Gedanken sind noch all die Gemeinsamkeiten und Pläne gespeichert, die uns mit dem lieben Menschen verbinden. Wir hoffen, daß sie in Erfüllung gehen. So plötzlich können wir unsere Gedanken nicht verändern. Zusammen mit dem Partner haben wir viele Pläne gemacht, die wir nun durch neue ersetzen müssen. Das braucht Zeit. In dieser Phase laufen all unsere Bewegungen und Verhaltensweisen wie automatisch ab. Wir fühlen uns wie abgestorben, wie in Trance und verhalten uns wie Roboter.

Phase 2: Aufbrechende Gefühle

Wir denken: „Das Leben hat keinen Sinn mehr. Nie mehr werde ich glücklich sein", und fühlen uns depressiv.
Wir denken: „Ich kann alleine nicht überleben", und bekommen Angst.
Wir denken: „Wie kann das Schicksal mir so etwas antun" oder „Wenn die Ärzte doch anders reagiert hätten" und werden haßerfüllt.
Wir denken: „Ich hätte mich anders verhalten sollen", und fühlen uns schuldig.

Unser Körper reagiert damit, daß wir uns nicht konzentrieren können, unruhig oder lethargisch werden, zu viel oder zuwenig essen, nicht oder zuviel schlafen, weinen, seufzen. Wir ziehen uns von anderen Menschen zurück oder stürzen uns in Aktivitäten, laufen ruhelos hin und her oder stehen nicht mehr aus dem Bett auf, usw.

Phase 3: Phase der Neuorientierung

Wir denken: „Das Leben geht weiter. Ich werde das ... und das ... von meinem Partner nicht mehr bekommen. Ich werde mir jedoch eine neue Aufgabe suchen können" und fühlen uns ein wenig traurig, aber nicht mehr depressiv.
Wir denken: „Das Leben ist nicht gerecht. Ich bin bereit, zu akzeptieren, daß mein Partner gestorben ist", und empfinden leichte Trauer.
Wir denken: „Ich werde meine Trauer überwinden und mir eine neue Aufgabe und neue Freunde suchen können" und fühlen uns hoff-

nungsvoll.
Wir denken: „Ich habe getan, was mir möglich war. Schade, daß ich das ... und das ... versäumt habe", und fühlen uns ein wenig traurig, jedoch ohne Schuld. Wir beginnen, wieder Einladungen anzunehmen, unsere Wohnung in Ordnung zu bringen, Interessen für andere Menschen und die Umwelt zu entwickeln.

Phase 4: Neues Lebenskonzept

Wir denken: „Ich bin liebenswert und fähig, mir neue Freunde, neue Aktivitäten und neue Interessen zu suchen. Ich bin dankbar für die Zeit, die ich mit meinem Partner verbringen durfte. Ich habe viel gelernt und erfahren durch seinen Verlust", und fühlen in uns Ausgeglichenheit und Zuversicht.

Wir haben uns eine neue Aufgabe, die unserem Leben einen Sinn gibt, gewählt.

Aus diesem kurzen Überblick können wir ersehen, wie eng unsere Gedanken mit unseren Gefühlen und unserem Verhalten verknüpft sind. Wollen wir uns nun bewußt daran machen, zu lernen, den Verlust unseres Partners zu akzeptieren, so können wir bei den Gefühlen beginnen. Die Devise ist: Was auch immer wir in unseren Gefühlen verspüren, müssen wir zunächst erkennen, annehmen und ausleben. Deshalb werden wir in den Übungen der Kapitel 8 und 9 zunächst immer mit dem Satz beginnen: „Ich bin bereit, mein Gefühl von Schmerz, Trauer, Wut, Angst, Einsamkeit ... zu akzeptieren. Es ist da und ich möchte es zulassen". Dann können wir im nächsten Schritt dazu übergehen, unsere Gedanken, die uns zu diesen Gefühlen führten, zu verändern. Wir müssen also bewußt eine neue Einstellung entwickeln. Und hier kommt ein kritischer Punkt im Trauerprozeß auf uns zu. Wenn wir uns unsere neuen Gedanken sagen, dann fühlen wir uns so, als ob wir uns verraten und belügen. Wir kommen uns vor wie Schauspieler. Wir glauben uns unsere neuen Gedanken nicht.

Dieser innere Widerstand ist ganz normal. Wann immer wir in unserem Leben eine Gewohnheit bewußt verändern, müssen wir das gegen unser altes Gefühl tun. Wir müssen zunächst anders denken und uns anders verhalten, und dann wird unser Gefühl uns erst nach einiger Zeit der Übung das Signal geben, daß das, was wir tun, richtig ist. Diese Reaktionsweise unseres Körpers macht es uns natürlich schwer, uns neue Denkweisen zuzulegen. Gleichzeitig ist sie jedoch eine sinnvolle Einrichtung. Wollen wir nämlich unsere alte Gewohnheit beibehalten, brauchen wir nur auf unser Gefühl zu hören. Diese Reaktionsweise stellt also im Normalfall eine Erleichterung dar.

Jetzt, zum Zeitpunkt Ihrer Trauer, macht Ihnen diese Reaktionsweise leider gehörig zu schaffen. Sie verspüren keinerlei Energie in Ihrem Körper und haben das Gefühl, daß alles sinnlos ist, und müssen sich dennoch dazu aufraffen, etwas zu essen und ein Minimum an Aufgaben zu erledigen. Sie fühlen sich so, als ob Sie Ihren verstorbenen Partner verraten, wenn Sie für einen kleinen Augenblick lachen, unter Menschen gehen oder einen Film anschauen. Sie haben das Gefühl, als ob Sie viel versäumt hätten oder gar am Tod Ihres Partners schuldig seien, und Sie müssen sich das dennoch verzeihen. Sie haben das Gefühl, den Verlust Ihres Partners niemals annehmen zu können, und müssen sich dennoch sagen: „Ich bin bereit, den Verlust zu akzeptieren", und zwar so lange, bis Ihr Körper es schließlich glaubt und seine Zustimmung gibt. Wir müssen also so denken und so tun, als ob ..., und dann werden wir uns auch mit der Zeit so fühlen. Das ist eine Gesetzmäßigkeit unseres Körpers. Wir müssen in der Phase des Schocks und der Leugnung so denken und so handeln, als ob der Partner nie mehr kommt, dann werden wir es auch fühlen - und zwar zunächst den Schmerz, später die Annahme seines Todes.

Wenn Sie Ihre Gedanken verändern möchten, wenn Sie lernen möchten, den Tod Ihres Partners anzunehmen, und wieder Lebensfreude gewinnen möchten, dann habe ich für Sie im folgenden einen Text zusammengestellt. Das Lesen des Textes wird Ihnen dabei helfen, Ihre Gedanken zu ordnen, und Sie ein wenig klarer sehen lassen. Er wird Sie auf den richtigen Weg zum Gipfel bringen. Der Text stellt eine Art Landkarte dar, die Ihnen den Weg zum Gipfel zeigt. Und Sie wissen, wie man mit Landkarten umgeht? Landkarten nimmt man dann zur Hand, wenn man an ein bestimmtes Ziel gelangen möchte und sich nicht auskennt. Man schaut immer und immer wieder auf die Karte. Man legt sie solange nicht aus der Hand, bis man angekommen ist.

Lesen Sie den folgenden Text bitte täglich mehrmals oder sprechen Sie ihn auf Band, so daß Sie ihn beliebig oft anhören können:

Ich bin ich. Ich bin einzigartig in allem, was ich fühle und erlebe. Ich habe einen lieben Menschen verloren. Deshalb fühle ich mich traurig, voller Schmerz und verlassen. Ich fühle mich manchmal als der unglücklichste und ärmste Mensch auf der Welt. Das ist menschlich und normal. Wann immer ich jemanden, der mir wichtig ist, verliere, werde ich Schmerz fühlen. Meine Tränen sind Ausdruck meines Schmerzes. Wann immer sie kommen, werde ich sie als ein Zeichen der Trauer annehmen. Sie gehören zu mir und sie zeigen mir, daß ich um einen wichtigen Menschen trauere. Zu mir gehören auch Gefühle der Schuld, Angst, Einsamkeit und Wut. Ein manches Mal werde ich über Kleinigkeiten wütend werden. Auch das werde ich als Zeichen auf dem Weg durch die Trauer annehmen. Ein manches Mal behandle ich meine Freunde ungerecht, obwohl ich sie im Augenblick doch so sehr benötige. Auch mein Körper zeigt mir, daß ich aus dem Gleichgewicht geraten bin.

Ich werde Zeit brauchen, meine Trauer zu durchleben und Abschied zu nehmen. Wann immer ich ungeduldig mit mir werde, immer noch traurig zu sein, werde ich mich daran erinnern, daß die Trauer Zeit und Arbeit benötigt. Ich werde tun, was notwendig ist, um meinen Weg durch die Trauer zu finden. Ich kann die Trauer ertragen und brauche mich nicht vor ihr fürchten, sie vermeiden oder mit Tabletten oder Alkohol zu überdecken.

Verluste und Abschiednehmen sind Bestandteile des Lebens. Sie sind kein Ausdruck von Bestrafung, sondern lediglich Ausdruck des Lebens auf dieser Welt. Solange ich lebe, werde ich von Zeit zu Zeit kleine und große Verluste erleben. Einige werde ich

schnell vergessen, andere werden mein gesamtes Leben beeinflussen. Ich kann wählen, den Verlust anzunehmen oder mit dem Schicksal zu hadern. Ich entscheide mich dafür, ihn anzunehmen, denn Hadern und Haß sind keine angenehmen Gefühle.
Ich kann es schaffen, meine Trauer zu durchleben und am Ende des Weges stehen wieder erwachende Lebensfreude und die Entdeckung neuer Chancen. Meine Gefühle der Trauer werden vorübergehen. Sie haben jetzt einen Sinn und werden irgendwann ihren Sinn verlieren. Sie stehen für das Abschiednehmen und das Signal zur Suche nach einem neuen Lebenssinn. Ich werde wieder lachen und fröhlich sein können. Ich werde wieder Selbstvertrauen und neue Fähigkeiten gewinnen. Ich werde das Leben bewußter wahrnehmen und mehr schätzen können. Ich werde mich und andere Menschen besser verstehen können. Ich werde mehr auf mich und meine Fähigkeiten vertrauen können, denn ich selbst schaffe es, durch meine Trauer zu gelangen. Ich entscheide mich, jeden Tag bewußt zu leben. Ich entscheide mich dafür, meine Gefühle anzunehmen und auf unschädliche Weise auszudrücken, wann immer ich sie empfinde. Ich entscheide mich dafür, an einer neuen Lebensperspektive zu arbeiten. Ich möchte mich täglich um mein körperliches und seelisches Wohlbefinden kümmern, auch wenn ich mich nicht danach fühle. Ich trage die Verantwortung für mich, und ich bin es wert, für mich zu sorgen.

Wir wollen uns nun in den folgenden Kapiteln die einzelnen Phasen, die Sie, liebe Leserin, lieber Leser, wenn Sie einen lieben Menschen verloren haben oder verlieren werden, durchlaufen, genauer anschauen und gemeinsam Möglichkeiten des Erlebens und Überlebens erarbeiten. Sie werden wahrscheinlich ein manches Mal zunächst denken: „Das kann ich nicht tun, was mir Frau Wolf vorschlägt". „Ich habe zu wenig Kraft". „Frau Wolf hat gut reden. Sie hat ihren Partner nicht verloren". Diese Reaktion ist normal und menschlich. Ich biete Ihnen die Hilfestellungen an, damit Sie schneller durch Ihre Trauer gelangen. Sie haben das Recht, zu entscheiden, wann für Sie die Zeit für die einzelnen Schritte ist.

Sie können auf den Gipfel gelangen. Nehmen Sie Mühe und Schmerz in Kauf, es lohnt sich. Sie werden sich eine neue Zukunft schaffen können.

Teil II
Konkrete Strategien der Trauerarbeit

Wir haben uns nun theoretisch mit den verschiedenen Phasen der Trauerarbeit befaßt. Wir sind uns einig, daß Trauer unausweichlich und absolut menschlich ist, wenn wir eine Person lieb gewonnen haben und sie verlieren. Wir haben gesehen, daß andere Kulturen es den Menschen viel leichter machen, mit ihrer Trauer umzugehen und sie zu überwinden. Auch wenn wir nicht wählen können, ob wir trauern oder nicht, so können wir doch wählen, wie wir mit der Trauer umgehen, ob wir sie annehmen oder nicht, und wie wir uns durch sie hindurcharbeiten. Wir haben noch Wahlmöglichkeiten.

Die Trauer ist nicht unser Feind. Trauer will uns sagen, daß wir etwas verloren haben, und will uns Mut machen, neue Wege zu wählen. Trauer ist ein aktiver Weg. Wir können sie nicht umgehen, auch wenn wir nach Australien auswandern. Sie entsteht in unserem Kopf und zeigt sich in unserem Körper. Wenn wir Medikamente nehmen, zu Alkohol greifen, um unsere Gefühle und unsere Gedanken nicht aushalten zu müssen, so können wir sie nicht umgehen. Der Weg des Abschiednehmens von all den schönen und schmerzlichen Dingen, die wir mit dem verstorbenen Menschen verknüpfen, bleibt uns nicht erspart. Niemand kann ihn für uns gehen, denn niemand kann unsere Phantasien und Gedanken ersetzen. Niemand kann für uns unsere Gefühle ausdrücken und ausleben. Begeben wir uns also nun gemeinsam auf den Weg.

Wir sind im Tal der Trauer und wollen auf den Gipfel zu neuen Lebenszielen. Ich werde Sie begleiten, Ihre Gefühle verstehen und annehmen. Sie benötigen die Bereitschaft, Ihre Gefühle zuzulassen und sie nicht zu bekämpfen. Sie benötigen den Mut, Ihre Gefühle auszudrücken. Sie werden dabei nicht verrückt werden. Ihre Gefühle werden Sie nicht in Stücke zerreißen. Wenn Sie Ihre Gefühle zulassen, wird Ihr Druck im Innern nachlassen. Ihre innere Wunde, Ihre innere Anspannung werden verschwinden. Ich kann Ihnen Hoffnung machen - ohne Sie zu kennen.

Sie können überleben,
weiterleben,
Neues erleben,
Ihrem Leben Sinn geben -
einen neuen Sinn -
wenn Ihr Inneres dafür bereit ist.

Es hängt an Ihnen. Sie haben nicht die Fähigkeit, den Tod ungeschehen zu machen. Sie haben nicht die Wahl, keine Trauer zu haben. Aber Sie haben die Fähigkeit in sich, Abschied zu nehmen und Neues zu beginnen. Sie haben die Fähigkeit, die Situation so anzunehmen, wie sie ist. Sie haben die Fähigkeit, klagende, hadernde, sehnsüchtige, angstmachende Gedanken loszulassen und Ihren Blick langsam auf die Zukunft zu lenken. Ihr Leben wird anders sein, aber es muß nicht schlechter sein. Doch zuerst müssen Sie Abschied nehmen. Lassen Sie uns *jetzt* beginnen.

Lesen Sie sich zunächst einmal die einzelnen Kapitel von Teil II im Überblick durch. Nicht alle werden jetzt im Augenblick gleich wichtig für Sie sein. Suchen Sie sich dann die Kapitel aus, an denen Sie arbeiten möchten. Auch nicht alle Übungen werden für Sie passend und hilfreich sein. Wählen Sie sich aus, was Ihnen gut tut, und was Sie glauben, das Ihnen am meisten weiterhelfen kann. Sie sind der Experte für Ihre Trauerarbeit. Ich schlage nur vor, was mir selbst geholfen hat, was Menschen mir als hilfreich berichtet haben, und was ich in der Therapie als erfolgreich erlebt habe. Viele der Übungen werden Sie mehrmals, manche hunderte von Malen durchführen müssen, bis Sie eine Veränderung verspüren. Bitte besorgen Sie sich ein Tagebuch, das Sie auf diesem Weg begleiten wird.

Ich verspreche Ihnen, Sie werden eine positive Veränderung verspüren. Nur wenn Sie die Arbeit nicht aufschieben oder vermeiden wollen, kommen Sie voran. Wenn Sie die Arbeit annehmen, dann werden Sie zur Heilung gelangen.

Sie haben ein Recht auf Ihre Trauer.
Sie haben einen lieben Menschen verloren.
Ihre Trauer zeigt Ihnen, wie sehr er Ihnen fehlt.
Sie haben ein Recht auf Heilung.
Ihre Heilung zeigt Ihnen,
daß Sie den Tod Ihres Partners als gegeben annehmen,
dankbar sind für die gemeinsame Zeit mit ihm
und Ihren Blick in eine Zukunft ohne ihn lenken.

- 8 -
Die Phase des Nicht-Wahrhaben-Wollens: Schock und Verleugnung

„Er ist tot -
tot - das ist nur ein Wort;
je häufiger ich es sage,
desto unwirklicher wird es;
ich bin nicht darauf vorbereitet;
das ist ein Irrtum;
er wird wiederkommen;
das Leben kann nicht so grausam sein ..."

„Nein, nein, nein. Das darf nicht wahr sein." So haben Sie vielleicht reagiert, als Sie die Nachricht erhielten. Sie haben es nicht "fassen" können. Sie waren im ersten Moment unfähig, eine Träne zu vergiessen, waren wie versteinert und betäubt, wie in Trance. Sie hatten das Gefühl, der Tote sei um Sie herum noch irgendwie anwesend. Sie haben sich gefühlt, als ob Sie gar nicht Sie selbst seien. Sie taten alles mechanisch wie ein Roboter.

Manche Menschen beschreiben, sie hätten das Gefühl, wie wenn eine Käseglocke über sie gestülpt wäre. Es kommt nichts rein und nichts raus. Sie fühlen sich wie von einer großen schwarzen Mauer umgeben, durch die nichts bis zu ihnen durchdringen kann. Sie können nichts fühlen. Sie interessieren sich für nichts außerhalb ihrer Person und spüren nichts in ihrem Inneren. Sie sind "tot" - wie der verstorbene Partner.

Vielleicht sind Sie bei Erhalt der Nachricht körperlich zusammengebrochen, haben mit Weinkrämpfen reagiert und hatten keine Kontrolle über sich. Andere haben versucht, Ihnen zu helfen, aber sie konnten Sie nicht erreichen.

Es ging alles zu schnell für Sie. Auch wenn Ihr Partner an einer unheilbaren Krankheit litt und der Arzt schon lange davon sprach, daß keine Hoffnung mehr bestünde, oder Ihr Partner "schon in dem Alter war, in dem man mit dem Tod rechnen mußte", Sie denken, er lebe noch und planen ihn noch in den Alltag ein. Sie sind noch nicht bereit, Ihr Lebenskonzept umzustellen, sich ein Leben ohne den lieb gewonnenen Partner vorzustellen. In Ihnen lebt der Partner noch. Sie sind nicht darauf vorbereitet, sich den Alltag, den Urlaub oder die Festtage ohne den Partner vorzustellen. Sie glauben, noch seinen Geruch wahrzunehmen, seine Schlüssel klappern zu hören. Sie glauben noch, die Autotür zuschlagen und seine vertrauten Schritte im Treppenhaus zu hören. Sie glauben noch, jeden Moment müsse er zur Tür hereinkommen und sich zum Abendessen an den Tisch setzen. Vielleicht sind Sie auf der Straße einem Mann in der vollen Überzeugung gefolgt, es sei Ihr Partner. In Ihren Träumen lebt der Partner noch. In den Träumen kehrt er immer wieder oder ruft um Hilfe.

Wie auch immer Sie auf die Nachricht vom Tod Ihres Partners reagiert haben, ob vollkommen kalt, mit einem Weinkrampf oder wie ein Roboter, jede Reaktion ist in Ordnung. Es gibt keine "guten" und "schlechten" Reaktionen. Sie sind nicht schwächer, wenn Sie weinen, oder stärker, wenn Sie ungerührt bleiben.

Unser Geist kann nicht so schnell Abschied nehmen. Er kann solch eine Information wie "Er kommt nicht mehr. Er ist nicht mehr da", was sich in Tausenden von kleinen Gesten und Verhaltensweisen, Gewohnheiten, die wir mit dem Partner entwickelt haben, zeigt, nicht so schnell ersetzen. Die Gedanken laufen ins Leere. Wenn wir die Worte "nicht mehr" denken, brechen unsere Gedanken plötzlich ab. Es ist zu viel, was "nicht mehr" geht, als daß wir zulassen könnten, weiterzudenken: Es würde uns zuviel Schmerz verursachen. So brechen wir die Gedanken einfach ab und lassen sie ins Leere laufen. Wir reden vielleicht über unseren verstorbenen Partner, aber nicht darüber, daß er nicht mehr kommt, und wie wir uns fühlen. Oder aber wir reden von ihm, als ob wir von einem anderen Menschen, der uns nichts angeht, berichten.

Der Schock und die Verleugnung sind Schutzmechanismen unseres

Körpers. So gewinnen wir Zeit. Wir verspüren nicht gleich die unendliche Trauer, sondern sind bereit, zu "funktionieren".

Was uns darüber hinaus davon abhält, weiterzudenken, sind die Erledigungen, die gleich nach dem Tod auf uns zukommen. Wir müssen uns zusammenreißen. Wir erleben die ganze Situation als unwirklich, aus einem Gefühl großen Abstandes heraus, so als ob wir nicht wir selbst seien. Wir müssen die Beerdigung und den Leichenschmaus organisieren, eine Anzeige entwerfen, Dokumente müssen herausgesucht und Behördengänge erledigt werden, wir müssen uns um die Grabstelle kümmern, ein Bestattungsinstitut beauftragen, Angehörige benachrichtigen, Blumenschmuck aussuchen, Kleidung und Übernachtungsmöglichkeiten organisieren, etc.

Meist sind noch einige unserer Angehörigen in der Wohnung, die uns unterstützen. Doch nach ein paar Tagen wird es still um uns herum. Wir können es immer noch nicht fassen, obwohl wir den Sarg mit seinem Körper im Erdreich haben verschwinden sehen oder der Beisetzung seiner Urne beigewohnt haben. Wir laufen zum Fenster, wenn wir scheinbar vertraute Autogeräusche hören, in der Hoffnung, er komme gleich zur Tür herein, decken den Tisch für zwei Personen, kaufen sein Lieblingsgetränk ein, decken sein Bett auf am Abend, usw. Wenn wir aus dieser Phase des Schocks und der Verleugnung herauskommen, werden wir uns kaum an unsere Verhaltensweisen in dieser Zeit erinnern können.

Der Schock ist die erste notwendige Reaktion
auf einen Verlust.
Wenn er aufhört, beginnt der Schmerz,
aber auch der Weg bis zur Heilung.

Was können wir in dieser Phase des Schocks und der Verleugnung tun?

Es führt kein Weg daran vorbei: Wir müssen durch die Phase des

Schmerzes und Abschiednehmens hindurch, wenn wir wieder unseren inneren Frieden finden wollen. Wir müssen uns mit dem Gedanken beschäftigen, daß unser Partner tot ist und nie mehr gemeinsam mit uns etwas unternehmen wird. Was uns bleibt, ist die Erinnerung an unsere gemeinsamen Erfahrungen, an die schönen und auch unangenehmen Erlebnisse mit ihm. Die Erfahrungen mit ihm werden uns immer erhalten bleiben, solange wir leben, aber wir werden keine neuen Erfahrungen mehr mit ihm machen können.

Wenn wir etwas verleugnen und nicht wahrhaben wollen, dann tun wir das in unseren Gedanken und in unserem Verhalten. Wir sagen uns innerlich: „Das darf nicht wahr sein", „Ich kann es einfach nicht glauben". Wir malen uns aus, er würde wiederkommen, wir erhalten die Wohnung so, daß er jeden Moment wieder die Tür aufschließen und reinkommen könnte. Wir lassen sein Rasierwasser im Bad, seine Kleider im Schrank, sein Lieblingsjoghurt im Kühlschrank, sein Schreibtisch bleibt unaufgeräumt. Wir beziehen sein Bett frisch und legen abends seinen Schlafanzug aufs Bett, so als käme er nach einer langen Reise zu uns zurück.

Es gibt Menschen, die in dieser Phase verharren. Sie ersparen sich dadurch den Schmerz und das Suchen nach einer neuen Lebensperspektive, aber bleiben gleichzeitig in ihrer Entwicklung stehen. Sie können Vergangenes nicht mehr zurückholen und sich keine neuen Erfahrungen schaffen. Sie leben quasi in einer künstlichen Welt.

Diese Reaktion ist uns allen vertraut. Als wir klein waren, haben wir uns sicher alle einmal die Decke über den Kopf gezogen und gehofft, niemand würde uns sehen. Wir dachten, wenn wir nichts sehen, dann sehen uns die anderen auch nicht. Nach dem Verlust eines Partners wäre dieses Verhalten vergleichbar damit, daß wir alles so erhalten, als wenn er wiederkommen würde. Es steht quasi eine magische Idee dahinter: Wenn wir uns so verhalten und die Realität des Todes nicht akzeptieren, dann gibt es den Tod auch nicht.

Andere wiederum haben den Mut, sich dem Schmerz zu stellen, der sie am Ende dieser Phase erwartet: der Schmerz, die Realität des Nie-Mehr-Erleben-Könnens mit diesem Partner, aber auch die Chance, zu wachsen; zu erleben, daß sie den Schmerz aushalten können und der Schmerz nachlassen wird.

Möchten Sie sich dafür entscheiden, durch diese Phase hindurchzugehen? Oder darf ich die Entscheidung zum Lesen dieses Buches schon als Entscheidung dafür ansehen? Dann möchte ich Ihnen danken für Ihren Mut und Ihre Entscheidung. Eines Tages werden Sie verstehen, warum ich Sie zu diesem Weg überreden wollte, warum ich Sie mitnehmen wollte auf den Gipfel. Eines Tages werden Sie wieder voll am äußeren Leben Anteil nehmen können, werden Sie wieder voll innerer Kraft und Energie sein.

Sie haben die Kraft, die Trauer zu fühlen und zu überwinden.

Wenn Sie sich aus dieser Phase des Schocks und der Leugnung herausbegleiten wollen, können Sie folgendes für sich tun:

• Akzeptieren Sie zunächst Ihr Gefühl der Ohnmacht und des Schocks. Sagen Sie zu sich: „Meine Gefühle der Ohnmacht und des Schocks sind normale menschliche Reaktionen auf den Tod. Sie werden vorübergehen".

• Akzeptieren Sie "verrücktes Verhalten", was noch aus der Zeit vor dem Verlust des Partners stammt. Sie können Ihre Gewohnheiten nicht so schnell umstellen und wollen es auch noch nicht. So kommt es, daß Sie Ihren verstorbenen Partner im Geschäft anrufen wollen, weiterhin sein Lieblingsessen kochen, obwohl es Ihnen gar nicht schmeckt, abends sein Bett abdecken, seine geliebte Sportsendung einschalten, usw.

• Wenn Ihr verstorbener Partner noch nicht bestattet ist, geben Sie sich - wenn möglich - die Chance, ihn nochmals zu sehen und zu berühren. Auch wenn dies im Augenblick sehr schmerzhaft und angstauslösend ist, wird dieses Erlebnis Ihnen doch dabei helfen, zu glauben, daß er tot ist.

• Erzählen Sie möglichst häufig und detailliert über die Umstände des Todes Ihres Partners. Wo ist er gestorben? Wie kam es dazu? Wer hat Sie darüber informiert? Wie war die Bestattung? Wie waren die Grabreden? So können Sie die Realität des Todes besser begreifen. Auch wenn andere denken, Sie quälen sich, indem Sie darüber reden, und versuchen, Sie abzulenken, tun Sie es dennoch. Wir müssen unseren Geist immer und immer wieder mit der neuen Realität vertraut machen.

• Akzeptieren Sie, daß Sie im Augenblick anteilnehmenden Menschen gegenüber zwiespältige Gefühle haben. Auf der einen Seite ist jede warmherzige Anteilnahme wohltuend und läßt den Partner noch ein Stückchen leben. Auf der anderen Seite bringt sie Ihnen in Erinnerung, daß der Partner gestorben ist und nie mehr kommen wird. Sagen Sie sich innerlich, wenn Sie anderen Menschen gegenüber gereizt sind: „Es ist in Ordnung, wenn ich so reagiere“.

• Sie werden den Schmerz und all die aufkommenden Gefühle ertragen können. Sie sind stark genug. Sie werden diese Gefühle auch überwinden können - aber Sie müssen durch sie hindurch.

• Lesen Sie die Kondolenzbriefe und nehmen Sie die Beileidsbekundungen entgegen, auch wenn Sie am liebsten davonlaufen würden. Sie anzuhören, bedeutet, wieder ein kleines Schrittchen auf dem Weg voranzukommen, daß Ihr Geist den Tod Ihres Partners als gegeben hinnimmt und Ihr Körper es glaubt. Wenn Sie es schwarz auf weiß sehen, daß Ihr Partner gestorben ist, wenn der Nachbar es laut sagt, daß ihm der Tod Ihres Mannes leid tut, dann wird der Tod ein Stückchen mehr zu Ihrer Realität. Dies führt Sie auch ein kleines Stückchen weiter in den Schmerz hinein, aber auch ein kleines Stückchen weiter auf dem Weg hinaus aus dem Schmerz - auf den Weg zum Gipfel.

• Beginnen Sie in der Wohnung all die Dinge wegzuräumen, die Sie tagein, tagaus an ihn erinnern, seinen Rasierapparat, seine Brille, sein Lieblingsbuch auf dem Couchtisch, seine Hausschuhe in der Ecke, den Schlafanzug unter der Bettdecke. Packen Sie sie in eine Kiste, die Sie auf den Speicher oder in den Keller stellen. Einmal sagte mir hierbei eine Klientin: „Ich komme mir vor, als ob ich den Partner bestehle". Dieses Gefühl ist normal, weil es noch nicht bis zu Ihrem Gefühl durchgedrungen ist, daß der Partner nicht mehr kommt. Sie können es noch nicht fühlen und glauben, daß Ihr Partner nicht mehr bei Ihnen sein wird. Es geht hier lediglich um die Alltäglichkeiten. Sie brauchen jetzt noch nicht seinen Kleiderschrank und seinen Schreibtisch leerzuräumen, wenn Sie es nicht möchten. Wenn Sie die Alltäglichkeiten wegschließen, so erleichtern Sie sich den Alltag in der Wohnung ein klein wenig. Diese Erinnerungsstücke wirken auf Sie, als ob Sie sich immer wieder in die offene Wunde stoßen.

• Treffen Sie möglichst keine größeren Entscheidungen wie Umzug, Kündigung Ihrer Stelle oder Verkauf des Hauses. Sie können im Augenblick keine klaren Entscheidungen treffen, sehen alles wie durch einen Nebel hindurch. Sie brauchen Zeit, alles neu zu durchdenken.

Und nun möchte ich Sie um eine sehr schwierige und anstrengende Aufgabe bitten, die mir aber sehr am Herzen liegt. Sie wird schon beim Lesen einen erbitterten Widerstand in Ihnen hervorrufen, und dennoch wage ich es, sie anzuraten. Sie wird Ihnen helfen, schneller voranzukommen und eine Heilung zu erreichen. Bitte lesen Sie weiter und verlassen Sie mich nicht an dieser Stelle.

• Sagen Sie, wann immer Sie an den verstorbenen Partner denken und sich ausmalen, er käme wieder, laut: „Stopp. Ich bin bereit, seinen Tod zur Kenntnis zu nehmen und anzunehmen. Er ist tot und wird nicht wiederkommen".

Sie werden sich dann sehr verzweifelt, vielleicht auch wütend fühlen. Sie können dieses Gefühl ertragen. Es wird vorübergehen. Vielleicht haben Sie auch den Eindruck, ihn zu verraten, weil Sie seinen Tod annehmen. Annehmen, heißt jedoch nicht, ihn zu vergessen. Annehmen heißt nicht, seinen Tod gut zu heißen. Annehmen heißt, daß Sie den Tod als Tatsache annehmen.

Haben Sie den Satz "Ich bin bereit, seinen Tod anzunehmen" über die Lippen gebracht oder nur gedacht? Konnten Sie ihn laut sagen? Dann haben Sie wahrscheinlich innerlich einen sehr starken Widerspruch verspürt, weil Ihr Gefühl noch nicht an dem Punkt ist, den Tod anzunehmen. Es war Ihnen, als ob Ihr Gefühl Ihnen sagen wollte: „Du lügst. Wie kannst Du nur den Verlust annehmen. Das ist nicht wahr". Sie hatten den Eindruck, als würde sich Ihr gesamter Körper dagegen auflehnen, diesen Satz zu glauben. Das ist in Ordnung und normal. Sie können diesen Satz noch nicht glauben. Das ist erst unser Ziel.

Bis Sie den Satz glauben können und das Einverständnis Ihres Körpers und Ihrer Gefühle bekommen, müssen Sie sich diesen Satz mehrere tausend Male sagen - eben immer dann, wenn Sie sich in Ihren Gedanken und in Ihrem Verhalten noch so verhalten, als ob der Partner wiederkommen würde. Sie müssen quasi "schauspielern" und eine Rolle lernen: die Rolle, ohne Partner durchs Leben zu gehen. Ich weiß, daß Sie die Rolle nicht freiwillig gewählt haben. Sie wurde Ihnen aufgezwungen. Doch Sie können sie zu Ihrer Rolle machen. Sie sollen sich den Satz "Ich bin bereit, seinen Tod anzunehmen" lediglich sagen, ohne ihn zu glauben. Sie können ihn im Augenblick noch nicht glauben, denn der Glaube kommt erst später. Das Gefühl ist das letzte, was sich verändert. Sagen Sie sich den Satz, wann immer Sie denken: „Das darf nicht wahr sein. Er kommt wieder". Benutzen Sie bewußt das Wort "tot", obwohl Sie sich innerlich dagegen wehren. Wenn Sie sich sagen „Er ist gegangen" oder „Er ist eingeschlafen", haben Sie irgendwo ganz tief im Innern noch die Idee, er könnte wiederkommen.

Wenn Sie möchten, können Sie diesen Satz mehrere hundert Male in Ihr Tagebuch schreiben. Ich kann Ihnen versichern, daß es Ihnen mit der Zeit leichter fällt, an ihn zu denken. Gleichzeitig werden Sie in die zweite Phase der Trauerarbeit gelangen: die Phase der aufbrechenden Gefühle.

- 9 -
Die Phase der aufbrechenden Gefühle
Depression und Wut, Schuld, Angst, Einsamkeit, körperliche Reaktionen

Ihr Partner ist tot.
Sie können nichts dagegen tun.
Akzeptieren Sie den Verlust
und den Schmerz, der damit einhergeht.
Das ist alles, was Sie für sich tun können.

Nun ist es bis zu Ihren Gefühlen durchgedrungen, daß Sie Ihren Partner nie mehr in die Arme schließen können, er Sie nie mehr mit Ihrem Kosenamen rufen wird, Sie nie mehr gemeinsam all die wunderschönen Plätze aufsuchen können, er Ihnen nie mehr sagen wird, wie sehr er Sie mag, usw. Die Worte "nie mehr" werden sich in Ihrem Kopf festmeißeln und Sie müssen von tausenden von gemeinsamen Gewohnheiten Abschied nehmen.

All dies erzeugt unbeschreibbare Traurigkeit und seelischen Schmerz in Ihnen. Sie sind überwältigt von Gefühlen der Traurigkeit und des Schmerzes. Sie fühlen sich hilflos wie ein kleines Kind, trauen sich überhaupt nichts mehr zu, haben Angst, eine noch so kleine Tätigkeit im Alltag nicht mehr ausführen zu können. Sie fühlen sich innerlich leer oder wie eine große blutende Wunde. Sie haben den Eindruck, Ihr Leben geht nicht mehr weiter, die Welt bricht zusammen. Es ist Ihnen gleichgültig, ob Sie überfahren, überfallen werden oder verhungern. Sie fühlen sich innerlich leer und hohl.

„Wir hatten große Pläne. Ans Sterben hat keiner gedacht."

Sie sehen keinen Sinn mehr im Leben und können nur an Ihren Partner und die Vergangenheit denken. Sie können sich nur an die schönen Erfahrungen mit dem Partner, nur an seine Vorzüge und guten Seiten erinnern. Ihr Aussehen ist Ihnen gleichgültig. Sie ziehen sich von allen Menschen zurück. Es kostet Sie größte Anstrengung, morgens aufzustehen. Vielleicht wünschen Sie sich, Sie würden nie mehr aufwachen, wären tot - nie mehr aufzuwachen und all den Schmerz ertragen zu müssen. Ihre Gedanken kreisen ununterbrochen um den Verstorbenen. Sie können sich auf nichts und niemanden konzentrieren.

Manche Menschen beginnen, unmäßig zu essen, andere wiederum nehmen in kürzester Zeit rapide ab, weil sie keinen Bissen hinunterkriegen. Sie werden egozentrisch, weil die Gedanken nur noch um sie selbst kreisen. Was andere wichtig finden, ist ihnen gleichgültig. Sie reagieren überempfindlich auf Kritik. Sie meiden andere, weil diese so sorg- und gedankenlos lachen, während sie im Schmerz ersticken. Sie meiden andere, weil diese sie auf den Verlust ansprechen könnten und dann ihre Tränen zum Überlaufen kämen. Sie laufen nachts wie ein bedrohtes Tier auf der Flucht ruhelos umher. Sie fühlen sich am Morgen zerschlagen und erschöpft, müde und kraftlos.

Viele Menschen sind in dieser Lage sehr vergeßlich, vergessen wichtige Namen und Telefonnummern, verlieren Schlüssel und Geldbeutel. Andere wiederum lassen ständig etwas fallen, stolpern über Steine, schlagen sich die Hand an Türen an oder sind in Unfälle verwickelt. Die Sprache und die körperliche Bewegung sind verlangsamt oder unruhig und ruhelos. Manche Menschen schlucken Unmengen von Beruhigungstabletten oder trinken exzessiv Alkohol, um sich nur mal für eine kurze Zeit von ihren schmerzlichen Gefühlen und Gedanken befreien zu können. Andere stürzen sich in Arbeit, um sich abzulenken. Doch die Nacht kommt. Die Nacht ist für die meisten eine schlimme Situation - das Alleinsein mit seinen Gedanken, Erinnerungen und seinen Gefühlen. Manche nehmen einen Teddy, eine Kuscheldecke oder eine heiße Bettflasche mit ins Bett, um sich nicht so einsam zu fühlen. Manche stopfen sich Kissen unter die leere und verlassene Bettdecke des Partners, um den Eindruck zu haben, sie seien nicht alleine. Manche holen die Schwester oder einen anderen Freund ins

Haus. Andere nehmen den Hund oder die Katze mit ins Bett. Doch letztendlich sind sie doch allein mit ihren Tränen und Verlassenheitsgefühlen.

In dieser Phase tauchen oft auch nach außen hin "unsinnige und kindliche" Verhaltensweisen auf wie z.B. die ganze Nacht das Licht brennen oder immer das Radio laufen zu lassen, ein überlebensgroßes Poster vom Partner an die Wand zu heften, ein Bild von ihm immer bei sich zu tragen, eine Sitzwache am Grab des Verstorbenen zu machen, um ihn nicht allein zu lassen, seinen Schlafanzug anzuziehen, sich in ein heißes Badetuch einzuwickeln, die ganze Nacht in der Wohnung hin und her zu laufen. Manche Menschen gehen erst dann ins Bett, wenn sie vor Erschöpfung umzufallen drohen, oder haben Angst vor dem nächsten Morgen, vor dem Erwachen und dem schrecklichen Bewußtsein, allein zu sein. Viele träumen in dieser Phase, den Partner nicht erreichen zu können, ihn jedoch zu sehen oder rufen zu hören. Sie sehen den Partner beispielsweise an einem entfernten Ufer, aus dem Grab rufend oder in einem Haus, dessen Tür sie nicht öffnen können. Am Morgen sind sie einerseits glücklich, ihn in der Nacht gesehen zu haben, andererseits unglücklich, nicht mit ihm zusammensein zu können. Der Schmerz trennt sie von all den anderen Menschen. Sie fühlen sich wie amputiert. Sie fühlen sich allein und verlassen wie noch nie in ihrem Leben.

All das gehört in die Phase der aufbrechenden Gefühle. Es ist normal, sich so zu fühlen und zu verhalten. Es ist normal, sich jetzt verzweifelt, einsam, ängstlich, wütend und schuldig zu fühlen. Dies gehört zum Abschiednehmen und der Reaktion auf Verlust unabdingbar dazu. Akzeptieren Sie diese fremden und vielleicht bisher nie erlebten Gefühle und Verhaltensweisen. Sie sind in Ordnung und gehören zu Ihnen.

In der Phase des Erkennens und Erfassens eines Verlustes leben unser Körper und unsere Seele in einem Ausnahmezustand - bis wir uns an die neue Situation angepaßt haben. Auch wenn Sie bei dem Wörtchen "angepaßt" gerade mit dem Einwand "niemals" reagiert haben, werden Sie sich anpassen können. Sie sind auf dem Weg der Anpassung und Heilung. Sie haben die Operation bereits hinter sich und verspüren nun die starken Wundschmerzen. Ihr Körper und Ihre Seele werden heilen. Wenn Sie Ihren Heilungsprozeß beschleunigen möchten, dann folgen Sie mir weiter auf den nächsten Seiten.

„Wenn ich meinen Schmerz verliere, vergesse ich auch die schönen Gefühle mit ihm." „Wenn ich nicht mehr an ihn denke, verliere ich ihn ganz."

Sind Ihnen gerade solche Gedanken durch den Kopf gegangen? Haben Sie Angst, nicht mehr zu leiden, bedeute, die Erinnerung an den Partner zu verlieren? Dann möchte ich Sie beruhigen: Sie werden und können die Erinnerung an ihn niemals verlieren. Sie ist Bestandteil Ihrer Person, und Sie können sie, wann immer Sie wollen, wachrufen und pflegen. Nichts und niemand kann Sie dazu bringen, all die Erfahrungen mit dem verlorenen Partner zu vergessen. Die Erinnerungen an den Partner sind für immer in Ihnen gespeichert. Heilung bedeutet, den Verlust anzunehmen, die Erinnerung zu erhalten und im inneren Frieden weiterzuleben. Es geht nicht um das Vergessen der Vergangenheit. Es geht nur um das Loslassen des überwältigenden Schmerzes und Leides. Je mehr Sie den verstorbenen Partner an Ihrem jetzigen Leben teilhaben lassen, indem Sie an ihn denken, desto schmerzhafter ist es, jedesmal zu erleben, daß er in Wirklichkeit doch nicht da ist.

„Wofür das alles? Hat das Leben noch einen Sinn?"

Gerade in der Phase der aufbrechenden Gefühle, dann, wenn Ihnen der Verlust so richtig bewußt wird, stellen sich viele Menschen diese Fragen. Ich kann sie Ihnen nicht beantworten, da es in meinen Augen keinen festgelegten Sinn für das Leben gibt. Alles, was ich sagen kann, ist, daß das Leben nach dem Verlust des Partners für Sie wahrscheinlich nicht mehr den Sinn hat, den es zu Lebzeiten des Partners hatte.

Vielleicht haben Sie Erfüllung und einen Sinn darin gefunden, den Partner zu umsorgen, mit ihm zu reisen, gemeinsam Kinder groß zu ziehen, ein Haus zu bauen, Geld zu sparen, sich für ihn schön zu machen oder mit ihm eine Firma aufzubauen.

Diesen Sinn haben Sie verloren. Ihre Aufgabe ist es nun, sich einen neuen Lebenssinn zu suchen. Das erfordert Zeit und Bemühen. Ich weiß jedoch sicher, daß Sie sich wieder einen neuen Sinn schaffen können. Sie können sich wieder einen Grund geben, weiterleben zu wollen. Vielleicht ist es im Augenblick auch nur der Grund, daß Sie nicht wissen, wie Sie sich das Leben nehmen können, oder daß Sie Ihren Kindern nicht noch mehr Kummer bereiten wollen, oder daß man sich aus christlicher Sicht nicht das Leben nehmen darf. Sie können Ihren Sinn jedoch noch mit weiteren, positiven Gründen untermauern, indem Sie beispielsweise die Bewältigung Ihrer Krise als eigene Herausforderung ansehen oder Sie sich eine neue Lebensaufgabe wählen.

Ihr Schmerz ist Ihr Weggefährte für eine bestimmte Zeit.
Er will Sie daran erinnern, daß Sie Ihren Partner verloren haben.
Akzeptieren Sie, daß es eine Weile dauern wird, bis Sie wieder voller Kraft und Tatendrang sind. Sie werden wieder Kraft und Lebensfreude verspüren. Ihr Schmerz wird vorübergehen.

Die Gefühle von Schmerz und Verzweiflung

„Ich habe alles verloren,
was mir wichtig ist - für immer.
Zuviel, um es ertragen zu können.
Leer, verlassen,
ein Abgrund,
ich falle, endlos,
keine Hoffnung."

Wenn der Gedanke, daß ein lieber Mensch nie mehr kommt, sich langsam im Gefühl niederschlägt, fühlen wir uns nur noch als "halber Mensch". Besonders im dritten Monat nach dem Tod verspüren wir den Schmerz und die Verzweiflung sehr stark. Wir seufzen sehr häufig. Wir fühlen eine große Leere in uns oder haben den Eindruck, wir bestünden nur noch aus einer offenen, blutigen Wunde. Wir haben den Eindruck, jetzt sei alles aus, wir könnten den Schmerz nicht mehr ertragen.

Irgendwann kommt bei vielen von uns der Punkt, an dem wir nicht mehr weinen können. Wir würden am liebsten ununterbrochen über unseren verlorenen Partner reden, um ihn nicht aus dem Leben zu verlieren. Gleichzeitig erreichen wir jedoch damit, daß wir auch immer wieder merken, er ist nicht mehr da, und dann verzweifelt sind. Gedanken wie „Ich werde nie mehr glücklich sein können", „Es ist alles aus", „Ohne meinen Partner kann ich nicht weiterleben" kreisen pausenlos in unserem Kopf. Als Folge davon treten Depressionen und Apathie auf. Je mehr wir unser Leben um den Partner herum aufgebaut haben, desto mehr stürzt unser ganzes Leben zusammen.

Wieviele hunderte von Taschentüchern sind schon Zeugen Ihres Schmerzes? Wieviele Seufzer kommen täglich über Ihre Lippen?

Liebe Leserin, lieber Leser, möchten Sie mit mir das Tal der Tränen und des Schmerzes durchschreiten? Wenn ja, dann folgen Sie mir bitte ein Stück, auch wenn Ihnen der Gedanke kommt: „Mir kann keiner helfen. Helfen kann nur der, der mir den Partner zurückbringt".

Ich möchte Ihnen Hilfestellungen an die Hand geben, mit denen Sie sich langsam aus Ihrer Depression und Ihrem Schmerz befreien können.

• Akzeptieren Sie Ihren Schmerz und Ihre Verzweiflung. Sie gehören zum Trauerprozeß. Sie sind in Ordnung, so wie Sie sind. Sie verspüren Schmerz, weil Sie von einem Menschen Abschied nehmen, der Ihnen viel bedeutet. Ihre Traurigkeit hat eine Ursache und Berechtigung. Sagen Sie sich innerlich: „Ich fühle mich entsetzlich traurig und verlassen und darf weinen". „Ich darf Schmerz empfinden und weinen, weil ich einen über alles geliebten Menschen verloren habe, der mir sehr wichtig war".

Auch wenn andere Menschen äußerlich stark wirken, weniger weinen oder schon mal wieder lachen können, dürfen Sie traurig und verzweifelt sein. Jeder Mensch reagiert anders auf den Verlust. Sie brauchen anderen Menschen nicht vorzugaukeln, ein fröhlicher Mensch zu sein. Stehen Sie zu Ihrer Trauer und geben Sie sich die Erlaubnis, sie anderen zu zeigen, auch wenn es für diese unangenehm sein sollte.

• Lassen Sie Ihren Schmerz zu. Schütten Sie ihn nicht durch Tabletten, Alkohol oder das Vertilgen von Süßigkeiten zu. Wenn Ihr Arzt Ihnen ein Beruhigungsmittel verordnet, nehmen Sie es höchstens vier Wochen. Erleben Sie Ihren Schmerz jetzt. Schieben Sie ihn nicht auf und laufen nicht vor ihm weg. Alles andere kann warten. Ihre seelische Wunde braucht jetzt Aufmerksamkeit. Je mehr Sie Ihren Schmerz zulassen, desto schneller können Sie ihn überwinden. Wenn Sie Ihren Schmerz im Innern einschließen und unterdrücken, wird er sich später in Form von körperlichen Beschwerden und Depressionen deutlich bemerkbar machen. Wenn wir Gefühle des Schmerzes in uns tragen, ist es wichtig, sie zuzulassen. Psychopharmaka und Alkohol dämpfen den Schmerz zwar kurzfristig, verhindern aber eine Auseinandersetzung mit dem Verlust - und die Auseinandersetzung ist wichtig für die Heilung der Wunde.

Wenn Sie dennoch etwas zur Beruhigung einnehmen möchten, fragen Sie Ihren Hausarzt oder Apotheker nach Medikamenten, die aus natürlichen Wirkstoffen wie Johanniskraut oder Baldrian bestehen und rezeptfrei erhältlich sind.

• Lassen Sie Ihren Tränen freien Lauf. Das Weinen führt zu einer inneren Erleichterung, als ob ein Stück des Schmerzes mit ausgeschwemmt wird. Keine Angst, Sie werden wieder aufhören können, zu weinen. Der Körper wird irgendwann das Signal geben: es ist genug mit Tränen. Tränen sind kein Zeichen dafür, daß man keine Kontrolle über sich hat. Untersuchungen haben gezeigt, daß Tränen während der

Trauerphase eine andere chemische Zusammensetzung haben - eine chemische Zusammensetzung, die eine beruhigende Wirkung hat.

Wenn Sie sich schwer tun, Tränen zuzulassen, dann bringen Sie sich bewußt in eine Situation, in der die Tränen leichter fließen können. Ziehen Sie sich beispielsweise allein in einen Raum zurück, in dem Sie sich wohlfühlen und der Sie an den Partner erinnert. Hören Sie sich eine romantische Musik an und schauen Sie Bilder von Ihrem verstorbenen Partner an. Denken Sie an zärtliche Stunden, an Ihre Hochzeit, die Stunden der Zweisamkeit. Lassen Sie die Traurigkeit zu. Lassen Sie Tränen kommen und sprechen Sie Ihre Gefühle laut aus. Wenn Ärger aufkommt, lassen Sie auch ihm seinen Platz. Machen Sie die Übung solange, wie Sie etwas verspüren und zu sagen haben. Sie sind im Schutz Ihrer Wohnung und können alles, was kommt, zulassen. Wenn die Traurigkeit nachläßt, stehen Sie auf, stellen eine beruhigende Musik ein und machen ein paar Streckübungen. Nehmen Sie ein warmes Bad und trinken Sie etwas Warmes.

Wenn Sie ein Mensch sind, der nur sehr selten seine Gefühle zum Ausdruck bringt, kann es sein, daß Sie auch hier keine Tränen vergiessen können. Dann ist das für Sie auch in Ordnung. Für Sie gibt es im Augenblick eben eine andere Form, Ihre Traurigkeit zum Ausdruck zu bringen.

Mit dieser Übung haben Sie die Möglichkeit, selbst bewußt zu entscheiden, wann Sie weinen möchten, und können sich gehen lassen. Sie sind nicht mehr Opfer Ihrer Gefühle und müssen sie auch nicht unterdrücken. Sie werden sich erleichtert fühlen, sie ausgedrückt zu haben, und Sie werden in Zukunft weniger Angst vor Ihren Gefühlen haben. Machen Sie diese Übung, so oft Sie das Bedürfnis dazu haben.

• Ihr Schmerz wird Sie nicht überwältigen. Sie können ihn aushalten. Der menschliche Körper ist so konstruiert, daß wir ihn ertragen können. Sie werden nicht verrückt werden, auch wenn Sie "verrückte Verhaltensweisen" an den Tag legen wie beispielsweise stundenlang im Schaukelstuhl zu schaukeln. "Verrückte Verhaltensweisen" sind für Sie im Augenblick eine Möglichkeit, etwas für sich selbst tun zu können.

Ihr Schmerz wird nicht kontinuierlich jeden Tag ein wenig mehr nachlassen, aber er wird nachlassen.

• Wenn Sie nachts den Eindruck haben, an Ihren Tränen zu ersticken oder dringend eine menschliche Stimme zu benötigen, rufen Sie die Telefonseelsorge an. Der Anruf wird anonym behandelt, und die Menschen, die Ihnen zuhören werden, sind ausgebildet. Die Nummer finden Sie in Ihrem Telefonbuch. Die Mitarbeiter der Telefonseelsorge sind dafür da, Ihnen zuzuhören - auch mitten in der Nacht - auch dann noch, wenn nach Meinung anderer Ihre "Trauerzeit schon längst vorbei sein sollte". Legen Sie sich am besten jetzt gleich einen Zettel mit der Nummer der Telefonseelsorge in Ihrer Stadt neben das Telefon.

• Nehmen Sie Ihr Tagebuch zur Hand und teilen Sie ihm Ihren Schmerz mit. Durch das Aufschreiben Ihrer Gedanken und Gefühle finden Sie ein Stück Entlastung und können diese auch neu ordnen. Sie brauchen nicht jeden Tag eine Eintragung zu machen, sondern nur, wenn Ihnen danach ist. In Ihrem Tagebuch können Sie sich die Zeit zum Trauern nehmen, die Sie wirklich benötigen. Sie können ehrlich und offen Ihre Gefühle äußern, brauchen keine Angst haben, jemanden überzustrapazieren. Sie können über Ihre Ängste und Sehnsüchte sprechen. Sie können nachts hineinschreiben, wenn Sie das Gefühl haben, an Ihren Gefühlen zu ersticken. Ein Tagebuch kann für Sie wie eine sehr gute Freundin sein, die Sie an Ihrem tiefsten Innern teilhaben lassen. Es wird Sie nicht ablehnen, nicht für kindisch halten und sich auch nicht gelangweilt zur Seite drehen. In Ihrem Tagebuch können Sie auch mit Ihrem Partner Kontakt halten, Briefe an ihn richten, oder sich eine Freundin auswählen, an die Sie Ihre Briefe richten wollen. Später einmal werden Sie voller Stolz in Ihrem Tagebuch verfolgen können, wie hart Sie an Ihrer Heilung gearbeitet haben.

• Akzeptieren Sie aufkommende Gedanken, mit dem Leben Schluß machen zu wollen. Sie sind in der Phase der aufbrechenden Gefühle normal. Vielleicht wollen Sie Ihren Partner nach seinem Tod beschützen und nicht seiner Einsamkeit da draußen überlassen. Vielleicht zieht Sie der Gedanke an, nach dem Tod den Partner wieder zu treffen. Vielleicht erscheint Ihnen auch das Leben ohne den Partner unerträglich. Wenn der seelische Schmerz groß ist und wir nicht mehr wissen, wie es weitergehen soll, dann stellen wir uns die Sinnfrage: „Warum diese Qual noch weiter aushalten?".

Solange dieser Gedanke nur ab und an vorüberzieht und Sie nur einen Augenblick dabei verweilen, ist er in Ordnung. Sie können entscheiden, ihm zu folgen oder nicht. Solche Gedanken sind nicht gefährlich und schädlich, solange sie Ihnen nur kurz durch den Kopf gehen. Wenn Sie jedoch beginnen, sich täglich zu überlegen, auf welche Weise Sie sich das Leben nehmen wollen und schon beginnen, sich einen Baum auszusuchen, an den Sie mit dem Auto fahren wollen, oder Tabletten zu sammeln, sollten Sie sich sofort an einen Psychotherapeuten wenden. Geben Sie sich diese Chance. Es lohnt sich. Gleichgültig, was Ihnen der Therapeut sagen mag, Ihnen bleibt der Weg des Freitodes immer noch offen. Schluß machen können Sie immer noch, wenn Sie die Chance von Gesprächen wahrgenommen haben.

Der Leitspruch lautet:

„Für einen Tag weiterleben, dann entscheide ich neu".

Treffen Sie die Entscheidung, nur für diesen einen Tag weiterleben zu wollen. Einen Tag länger können Sie ertragen. Für einen weiteren Tag können Sie Ihren Schmerz ertragen und sich dazu überwinden, ein klein wenig Alltagsleben weiterzuführen.

• Sprechen Sie über Ihren Partner, auch wenn Sie denken, das nicht überleben zu können, auch wenn Sie denken, in Ihren Tränen zu ertrinken. Vermeiden Sie im Freundeskreis jedoch, nur über den Partner zu reden, auch wenn Ihnen danach ist. Auch wenn Sie der Meinung sind, das Mitleid der ganzen Welt zu verdienen, werden es Ihnen andere auf Dauer nicht geben können. Bei denen wird das Interesse an Ihnen erlahmen, wenn Sie außer Trauer nichts geben können. Wählen

Sie sich eine Freundin oder einen Freund aus oder besuchen Sie eine Trauerbewältigungsgruppe. Im Anhang finden Sie Adressen solcher Gruppen.

• Wenn Sie möchten, können Sie sich bestimmte Zeiten am Tag aussuchen, wo Sie besonders intensiv an den Partner denken, und andere Zeiten, in denen Sie sich sagen: „Ich habe mich jetzt nicht mit dir verabredet. Heute abend um 5 Uhr (beispielsweise wenn Sie auf den Friedhof gehen) beschäftige ich mich mit dir". Am Anfang werden Sie die Gedanken an den Partner tagsüber unentwegt begleiten. Wenn Sie sich jedoch den oben genannten Satz sagen, werden Sie mit der Zeit immer häufiger selbst bestimmen können, wann Sie sich intensiv mit dem Partner beschäftigen möchten und wann nicht.

• Beantworten Sie zumindest die Beileidsbekundungen, die einen persönlichen Text beinhalten. Es wird Sie trösten, soviel Anteilnahme zu spüren, und vielleicht entwickelt sich daraus auch ein weiterer Kontakt für die Zukunft. Lassen Sie die Traurigkeit, die dabei aufkommt, zu. Das ist ein Stück des Abschiednehmens.

• Schließen Sie sich einer Trauerbewältigungsgruppe an. Adressen hierzu finden Sie im Anhang. In einer solchen Gruppe finden Sie Menschen, die ebenfalls einen Verlust erlebt haben. Sie brauchen Ihre Gefühle nicht zu verstecken und können, so oft Sie möchten, über Ihren verlorenen Partner reden.

• Halten Sie den Kontakt zu Ihren Freunden. Sie brauchen sich keine Sorgen zu machen, "das fünfte Rad am Wagen zu sein" oder zu stören. Schließlich sind Freunde dafür da, Unterstützung zu geben. Wenn Sie eine Freundin anruft und Ihnen anbietet, Sie können sie Tag und Nacht erreichen, so scheuen Sie sich nicht, es zu tun. Sie wird Ihnen schon mitteilen, wenn es ihr zuviel wird. Sie brauchen im Augenblick das Gefühl, getragen zu werden und ein wenig geborgen zu sein. Zu wissen, da ist jemand, den man anrufen kann, der nicht erwartet, daß man strahlend auftaucht und so lacht, als ob nichts gewesen wäre, ist sehr hilfreich und wohltuend.

• Bitten Sie Freunde und Verwandte um Hilfe. Jetzt im Augenblick ist es in Ordnung, "schwach zu sein" und um Hilfe zu bitten. Die Freunde können das Organisieren der Alltäglichkeiten wie Bezahlen der Rechnungen, den Einkauf etc. übernehmen. Sagen Sie ihnen möglichst konkret, wobei sie Ihnen helfen können.

• Vermeiden Sie es möglichst, im Augenblick große Entscheidungen zu treffen. Für die meisten Menschen ist es im ersten Jahr nicht sinnvoll, dramatische Veränderungen wie einen Hausverkauf, einen Umzug, einen Arbeitsplatzwechsel vorzunehmen. Sie können im Augenblick keine guten Entscheidungen treffen, da Sie noch zu betroffen sind. Außerdem kostet es Sie Kraft, sich auch noch auf eine zusätzliche neue Situation einzustellen. Sie brauchen Ihre ganze Kraft im Augenblick für die Dinge, die Sie nicht ändern können, die Ihnen von außen durch den Tod vorgegeben wurden.

Sie werden sich wieder besser fühlen können. Es gibt keinen Zweifel.

Liebe Leserin, lieber Leser, sind Sie noch aufnahmebereit? Ich weiß, daß ich ganz schön viel von Ihnen erwarte. Sie brauchen nicht alle Ratschläge zu beherzigen. Probieren Sie aus, was Ihnen am besten weiterhilft. Manch eine Hilfestellung kann zu einem späteren Zeitpunkt auch noch ihren Dienst für Sie tun. Ich weiß auch, daß Sie sich im Augenblick kaum konzentrieren und sich wenig merken können. Deshalb habe ich die Ratschläge aufs Papier gebracht. Sie können sie immer wieder nachlesen. Ferner bin ich mir bewußt, daß Sie jetzt im Augenblick wahrscheinlich überhaupt "keinen Kopf" für solche Aufgaben haben. Sie sind schon froh, wenn Sie die Energie aufbringen, morgens aufzustehen. Wir sind hier nicht im Wettkampf. Sie können nur das geben, was Ihnen im Augenblick möglich ist. Jede kleine Veränderung in Ihren Gedanken und Ihrem Verhalten ist besser als keine Veränderung. Jeder Tag ist ein neuer Tag, der Ihnen die Möglichkeit bietet, an sich zu arbeiten. Wenn Ihnen auch nur ein Satz dieses Kapitels weiterhilft oder Ihnen Trost gibt, dann war es wichtig für Sie.

• Nehmen Sie wieder Ihr Tagebuch zur Hand. Es soll Ihr Begleiter durch die gesamte Trauerzeit sein. Notieren Sie alles in ihm, was im Augenblick für Sie wichtig ist. Sie werden mit Vergeßlichkeit zu kämpfen haben, und dann ist es hilfreich, sich nur an dieses Buch erinnern zu müssen.

Erstellen Sie sich jeden Abend für den nächsten Tag eine Liste von all den Dingen, die Sie unbedingt *erledigen müssen.* Dann sortieren Sie diese nach Wichtigkeit. Ich weiß, daß Ihr Gefühl Ihnen im Augenblick sagt, daß Sie überhaupt nichts erledigen müssen, solange bis Ihr Partner wieder da ist. Hören Sie bitte nicht auf Ihr Gefühl. Es wird sich mit der Zeit darauf einstellen, daß der Partner nie mehr kommen wird und Sie alles alleine regeln müssen. Im Augenblick können Sie nur gegen Ihr Gefühl handeln und so tun, als ob Ihr Gefühl Ihnen schon zustimmt. Notieren Sie also, auf welche Behörde Sie müssen, wen Sie anrufen, welche Rechnungen Sie bezahlen müssen, was Sie einkaufen müssen. Wenn Sie das Wichtigste erledigen konnten, streichen Sie es aus und loben sich dafür. Sie haben etwas für sich getan und das ist gleichbedeutend mit der Entscheidung, an diesem Tag weiterzuleben. Wahrscheinlich schaffen Sie es nicht, die ganze Liste pro Tag zu erledigen. Das macht nichts. Sie haben die Erledigungen nach der Wichtigkeit sortiert. Wenn Sie nur eines erledigen, haben Sie schon das Wichtigste erledigt. Jede einzelne Handlung zählt.

Kein anderer Mensch kann ermessen, wieviel Kraft Sie schon allein diese einzelne Handlung kostet. Ihre Gefühle und Ihr Körper sind im Augenblick in dem Zustand, nicht weiterleben zu wollen, und nur Ihr Kopf gibt Ihnen Anweisungen, alles zum Weiterleben zu erledigen. Deshalb kostet es Kraft, trotz der Gefühle, das Nötigste zu erledigen. Loben Sie sich dafür und schauen Sie, ob Sie noch einen Punkt umsetzen können. Die Liste gibt Ihnen das Gefühl, doch noch etwas erledigen zu können. Sie hilft Ihnen auch dabei, mit Ihrer Vergeßlichkeit umzugehen. Jeder durchgestrichene Punkt ist ein Erfolg und ein Signal zum Weiterleben. Irgendwann wird auch Ihr Gefühl Ihnen wieder mitteilen, daß Sie weiterleben möchten. Dann werden Ihnen die Erledigungen wieder Spaß machen oder zumindest nicht so anstrengend sein. Jetzt aber zurück zu Ihrem Tagebuch.

Erstellen Sie sich am Abend eine zweite Liste, in die Sie eintragen, was Sie morgen *Erfreuliches für sich tun möchten*. Ich weiß, daß Sie den Eindruck haben, es gäbe im Augenblick (oder sogar nie mehr) etwas Erfreuliches. Tragen Sie ein, was Sie früher erfreut hat, und führen Sie es aus. Beispielsweise könnten Sie sich eine Illustrierte kaufen, ein entspannendes Bad nehmen, einen Spaziergang machen. Verwöhnen Sie sich mit einer Creme, lassen Sie sich Massagen verschreiben, besuchen Sie die Kosmetikerin, kaufen Sie sich ein paar Blumen.

Auch hier steht am Beginn das So-Tun-Als-Ob-Verhalten. Sie verwöhnen sich und tun sich etwas Gutes, ohne daß Ihnen danach ist und ohne daß Sie es so richtig zu schätzen wissen. Der Gedanke wird kommen „Wofür das alles?". Die Antwort darauf lautet: „Für mich, weil ich mich für das Weiterleben entschieden habe". Schon ein ganz kleiner Schimmer von Besser-Gehen ist ein Gewinn. Schon die Entscheidung, wieder an sich zu denken und etwas für sich zu tun, was in die Zukunft weist, ist ein Fortschritt.

Für viele ist es hilfreich, sich eine Aktivität außer Haus zu suchen und nach Möglichkeit noch eine Freundin oder einen Freund miteinzubeziehen. Das erleichtert die Einhaltung der Aktivität.

• Behandeln Sie Ihr Äußeres ein ganz klein wenig liebevoll, auch wenn Sie jede Zelle Ihres Körpers zu fragen scheint: „Wofür das alles? Es gibt niemanden, für den ich schön sein will". Beim Blick in den Spiegel fällt es Ihnen leichter, sich anzunehmen, wenn Sie sich zurechtgemacht haben. Sie haben es verdient, sich liebevoll zu behandeln - auch wenn Sie sich nicht danach fühlen.

• Machen Sie sich einen Plan für das Wochenende. Das Wochenende ist die schlimmste Zeit für jeden, der lernen muß, mit einem Verlust umzugehen. Das Leben außerhalb der Wohnung steht scheinbar still, oder man sieht nur glückliche Paare. Die Erinnerungen an die gemeinsamen Wochenenden mit dem Partner sind unentrinnbar. Sie können sich im Augenblick den Luxus nicht erlauben, das Wochenende einfach auf sich zukommen zu lassen. Planen Sie, wie Sie es gestalten möchten; ob Sie jemanden einladen, besuchen oder anrufen. Sie bekommen dadurch während der Woche schon ein klein wenig Ablenkung und haben eine Perspektive. Viele Klienten fragen mich: „Woher soll ich wissen, ob ich am Wochenende überhaupt in der Lage bin, jemanden zu empfangen?". Sie können jemanden empfangen, auch wenn Sie gerade am Tiefpunkt sind. Sie sind im Augenblick kein guter Gesellschafter. Finden Sie sich damit ab. Im Augenblick können Sie nur empfangen, was der andere gibt - sei es Trost oder Ablenkung. Sie können Gespräche über den Verstorbenen, über Ihre Schuldgefühle, über Ihre Zweifel, jemals aus Ihrem Zustand wieder herauszukommen, anbieten, aber noch keine neuen Lebensperspektiven und Anregungen für die Mitmenschen.

Planen Sie auch bewußt Ihre Ferien. Überlassen Sie nichts dem Zufall. Es muß keine Weltreise sein, aber planen Sie Aktivitäten, die Sie beschäftigen. Ohne Planung fallen Sie im Augenblick noch in ein tiefes Loch. Die Zeit, in der Sie einfach das Wochenende auf sich zukommen lassen und warten, worauf Sie Lust haben, wird wiederkommen. Die Zeit, wo Sie mit sich alleine zuhause ganz zufrieden sind, wird wiederkommen. Jetzt im Augenblick brauchen Sie jedoch Planung für die freie Zeit.

Ich bin dankbar für die Kraft,
daß ich diesen einen Tag habe überleben können.

• Akzeptieren Sie für den Augenblick auch Ihr Selbstmitleid. Gedanken wie „Ich bin der ärmste Mensch, den es auf der Welt gibt. Alle anderen sind glücklich und zufrieden. Nie mehr werde ich jemals glücklich sein können", „Die Welt ist zu mir am ungerechtesten. Ich kann das nicht ertragen" führen zu Selbstmitleid. Mitmenschen zählen nicht mehr, sondern nur noch das unermeßlich große eigene Leid. Wenn Sie sich auf Dauer bemitleiden und die Einstellung beibehalten, daß Sie bemitleidenswert sind, dann kommen Sie jedoch nicht über Ihre Verzweiflung hinweg. Es ist traurig, daß Sie Ihren Partner verloren haben, doch die Gesetzmäßigkeit der Welt ist es, daß Menschen sterben und andere Menschen zurückbleiben.

Mit jedem Tag, an dem ich daran denke, daß mein Partner nicht mehr zurückkommen wird, werde ich seinen Tod besser akzeptieren können. Und ich werde ein Stück mehr in das Leben zurückkehren.

„Was ist, wenn ich keine Trauer verspüre?"

Es gibt Menschen, die nach dem Verlust eines Partners keine Trauer verspüren. Hierfür gibt es mehrere Gründe. Als erstes können sie noch in der Phase des Nicht-Wahrhaben-Wollens stecken, in der das Erkennen des Verlustes zu schmerzhaft wäre. Sie weigern sich, den Verlust überhaupt anzunehmen. Oder aber sie verbannen aus lauter Angst vor schmerzlichen Gefühlen alle Erinnerungen an den Toten aus ihrem Leben und stürzen sich in Geschäftigkeit. Die Folge davon ist entweder Versteinerung oder Angst, "verrückt zu werden". Als zweites kann es sein, daß die Betroffenen schon eine lange Zeit des Abschiednehmens hinter sich haben, weil der Partner unter einer chronisch fortschreitenden Krankheit litt. Als drittes können sie so schlechte Erfahrungen mit dem Partner gemacht haben, daß dieser sie beispielsweise mißhandelt und gequält hat, sodaß nach dem Tod eher eine Erleichterung und Befreiung als Trauer auftritt.

Ihre Gefühle des Schmerzes werden vorübergehen.
Sie werden sich wieder besser fühlen. In Ihrem Leben steckt noch mehr als die schmerzlichen Gefühle im Augenblick.
Sie sind schon auf dem Weg zur Gesundung.

Der Umgang der anderen mit dem Tod des Partners

Die Erfahrung der meisten Trauernden ist, daß dann, wenn sie die Unterstützung der Umwelt am meisten brauchen, niemand da ist. Das hat nichts damit zu tun, daß andere uns nicht mehr lieben, sondern damit, daß sie nicht wissen, was sie tun oder sagen sollen.

So wie der Tod Sie völlig hilflos macht, geht es den meisten Ihrer Freunde und Bekannten auch. Sie bekommen selbst Angst vor dem eigenen Tod oder dem Verlust des eigenen Partners. Es ist etwas vollkommen anderes, ob man in der Zeitung von einem schweren Unglück mit Toten in Indien, eine Statistik über die Wahrscheinlichkeit des Herzinfarkttodes liest, oder ob im nahen Freundeskreis jemand stirbt. Der Tod rückt plötzlich näher und der Gedanke „Dich trifft es nicht" ist erheblich schwerer aufrechtzuerhalten.

Der Umgang mit dem Tod Ihres Partners hängt auch davon ab, wie der einzelne in Ihrem Bekanntenkreis mit seinen Gefühlen umgeht. Hat er selbst Angst, zu weinen und die Fassung zu verlieren, wird er das Thema Tod überhaupt nicht ansprechen. Fühlt er sich unfähig, auf Ihre Traurigkeit zu reagieren, und glaubt er, er rufe in Ihnen durch das Ansprechen des Todes starke Gefühle wach und könne Sie nicht trösten, so wird er das Thema unerwähnt lassen. Ich selbst erlebe an mir in der Praxis, daß ich meinen Patienten in der ersten Zeit ihrer Trauer keinerlei Trost geben kann. Ich kann zuhören und ihnen das Gefühl geben, daß sie nicht alleine sind. Ich kann meine Hand auf ihre legen und mit ihnen zusammensein. Jedesmal wird dabei auch in mir eine Traurigkeit und Beklemmung ausgelöst. Dann muß ich mir sagen, daß der Mensch geboren ist, um zu lachen und traurig zu sein. Das Abschiednehmen gehört zum Leben ebenso wie das Lachen. Manchmal, wenn ich traurig bin, erlaube ich mir auch in Gegenwart meiner Patienten, meine Traurigkeit zu zeigen. Doch ich habe lange gebraucht, dahin zu kommen. Anfangs hatte ich immer die Idee: „Du mußt den Patienten von der Traurigkeit abbringen. Du darfst ja nicht den Namen des verstorbenen Partners erwähnen, denn sonst fängt er an zu weinen. Du mußt schauen, daß der Patient so schnell wie möglich wieder lachen kann".

Am hilfreichsten sind Freunde, die uns einladen und fragen: „Wie geht es Dir wirklich? Was genau kann ich tun, um Dir zu helfen?", Freunde, die zulassen, daß wir unsere Gefühle offen zeigen können, die uns dazu bewegen, über den Partner zu sprechen. Angehörige können nichts wachrufen, was nicht schon in uns selbst da ist. Sie können nur erreichen, daß es ausgedrückt wird, und das ist gut. Innerlich sind wir ohnehin mit dem Partner beschäftigt. Es ist hilfreicher, uns die Chance zu geben, zu reden und unsere wahren Gefühle zu zeigen. Es ist für uns beruhigend, angenommen zu sein. Nur so können wir lernen, unsere neue Situation anzunehmen.

Wir stellen vielleicht immer wieder die Frage: „Warum nur?". Die anderen werden keine Antwort darauf geben können. Sie können lediglich ehrlich sein und zuhören - und helfen, wenn sie gebeten werden und es ihnen möglich ist. Angehörige sollten auf jeden Fall die Versprechungen der Hilfe, die sie anbieten, einhalten. Sie sollten mit uns einzelne Schritte durchgehen, wie wir unser Leben besser in den Griff bekommen können. Außenstehende brauchen hierzu viel Geduld. Geduld, weil wir in unserer Trauer launisch und unberechenbar sind, weil wir undankbar sind, unfähig, auf ihre Bedürfnisse einzugehen. Geduld, weil wir auch ärgerliche, neidische und verbitterte Gefühle äußern werden. Geduld, weil wir vielleicht zum hundertsten Male etwas von unserem Partner erzählen. Geduld, weil sie vielleicht auch selbst mit ihren eigenen Ängsten und ihrer Trauer konfrontiert werden. Außenstehende können, wenn sie nicht wissen, was sie sagen sollen, einfach nur die Hand auf unsere Schulter legen. Sie können anrufen, ohne um Hilfe gebeten zu werden, denn wir sind oft zu kraftlos, um Wünsche zu äußern. Sie können über eigene Verluste sprechen.

Äußerungen wie „Sie sind doch noch so jung. Sie werden schon wieder einen Partner finden, mit dem Sie glücklich sein können", führen in der Phase der aufbrechenden Gefühle zu einer Blockade in uns. Auch der Satz „Zeit heilt die Wunden" ist wenig hilfreich. Gedankenlosigkeiten wie „Fröhliche Weihnachten" oder „Schönes Wochenende" sind sicher nicht böse gemeint, können dennoch aber Bitterkeit in uns auslösen.

Es gibt noch mehr solcher wenig hilfreichen Bemerkungen: „Dein Partner hatte schon ein hohes Alter" ("Es ist immer zu früh!"). „Es ist Gottes Wille" ("Dann muß Gott mein Feind sein"). „Das wird schon wieder werden", „Es gibt Menschen, die noch viel mehr verloren haben" ("Was hilft mir das jetzt?"). „Sie müssen nicht traurig sein" ("Der hat gut reden"). „Aber Sie haben ja noch Ihre Kinder" ("Die können mir meinen Partner nicht ersetzen"). „Andere sind auch darüber hinweggekommen". „Wenigstens habt ihr solange eine gute Zeit gehabt" ("Die Zeit war zu kurz. Was weißt du davon?"). „Es muß schlimm sein, Witwe zu sein" ("Was weißt du schon davon"). „Du solltest dich bald wieder nach jemandem umsehen" ("Was geht dich das an"). „Ich weiß, wie Sie sich fühlen" ("Woher willst du das wissen"). „Laß dich nicht so gehen: Nimm doch nicht alles so schwer. Das Leben geht weiter" (Für mich nicht"). „Wer weiß, was ihn noch alles Schlimmes erwartet hätte". „Du mußt mehr unter Menschen gehen". „Hör auf, dich zu bemitleiden". „Wie geht es dir?" (als rhethorische Frage, ohne hören zu wollen, daß es einem schlecht geht). „Du siehst großartig aus" (obwohl einem im Innern nach Losschreien über sein Elend zumute ist).

Meist sind solche Äußerungen nicht boshaft gemeint. Sie sind ein Zeichen von Unsicherheit und Unwissenheit. Es ist die einzige Form von Hilfe, die andere geben können.

Eine andere Form der Hilflosigkeit ist es, wenn andere so reden, als ob der verstorbene Partner niemals einen eigenen Namen und eine eigene Geschichte gehabt hätte, während Sie noch an dem Punkt sind, daß Sie mit jedem über die Einzigartigkeit Ihres Partners reden wollen und Sie ihn niemals vergessen wollen. Manche werden Sie auch übersehen, nur um nicht mit Ihrer Trauer konfrontiert zu werden. Manche werden Kommentare abgeben darüber, was Sie bei der Beerdigung hätten anders gestalten sollen, und wie Sie jetzt weiterleben sollten.

Sie werden sich bei solchen Bemerkungen unverstanden und abgelehnt fühlen. Entweder werden Sie sich in sich selbst zurückziehen oder aggressiv reagieren. Ich möchte Ihnen hier noch eine andere Möglichkeit zu reagieren aufzeigen. Sie können nicht verhindern, daß Ihre

Umwelt so reagiert. Sie können nur überlegen, wie Sie darauf reagieren möchten.

Wie Sie am besten auf unpassende Bemerkungen anderer reagieren können

• Sie haben immer das Recht in der Ich-Form Ihre Meinung und Ihre Gefühle zu äußern:

„Ich möchte das ... noch nicht". „Ich fühle mich unwohl bei ...".
„Danke für Ihre Meinung. Ich werde sehen, ob sie in mein Leben paßt".
„Ich bin noch nicht so weit, diese Entscheidung zu treffen".

Wenn Sie aggressiv reagieren, verlieren Sie vielleicht die Freundin oder den Bekannten. Reagieren Sie, indem Sie Ihren Ärger hinunterschlucken, tun Sie sich keinen Gefallen. Sie können sich abgrenzen, ohne sich oder andere zu verletzen.

• Rufen Sie sich in Erinnerung: „Andere Menschen verhalten sich auf die beste Art und Weise, wie es ihnen möglich ist. Ich kann ihnen mitteilen, was ich brauche oder nicht möchte. Das Verhalten anderer Menschen hat nichts mit meiner Person zu tun. Sie wollen mich nicht ärgern oder kränken".

• Wenn andere Sie nicht mehr einladen oder grüßen, sagen Sie sich: „Wahrscheinlich fühlt er sich unbehaglich, wenn ich erzähle, wie elend ich mich fühle".

Auch wenn Sie nicht glauben,
das erste Jahr nach dem Tod
überhaupt überleben zu können,
- Sie können es.
Sie werden sich nicht Ihr ganzes Leben lang
so fühlen wie jetzt.

Schuldgefühle

„Wie konnte ich nur so leichtfertig
in den Tag hineinleben.
Wenn ich doch noch einmal
die Zeit zurückdrehen könnte,
dann würde ich mehr Gutes tun
und weniger Fehler machen,
aber ich kann es nicht."

„Hätte ich ihn doch nicht mit dem Auto fortfahren lassen", „Hätte ich mich nur mehr um ihn gekümmert", „Hätte ich doch nicht ab und zu, als ich durch die Pflege erschöpft war, gedacht <Wenn doch nur alles zu Ende wäre>", „Hätte ich ihn früher zum Arzt geschickt, ihm das Rauchen verboten", „Hätte ich vorher keinen Streit mit ihm gehabt", „Hätte ich ihn nur in eine andere Klinik gebracht", „Ich darf nicht leben, wenn er es nicht mehr kann".

All diese Gedanken führen zu nagenden Schuldgefühlen. Immer dann, wenn wir uns sagen „Hätte ich mich doch anders verhalten", schlägt das schlechte Gewissen in uns und wir quälen uns unsinnig. Besonders dann, wenn ein gewaltsamer Tod durch Mord, Selbstmord oder unvorhersehbare Umstände wie Verbrennen, Erstechen, Vergewaltigung, Flugzeugabsturz vorliegt, treten Schuldgefühle auf. Der Betroffene sucht nach einem vernünftigen Grund, sucht nach jemandem, den er anklagen kann.

Fast alle Menschen, deren Partner verstorben ist, machen sich Schuldgefühle. Wir quälen uns mit der Frage: „Was habe ich getan, um das zu verdienen?". Wir werfen uns vor, etwas zu wenig oder falsch gemacht zu haben. Wir sind wütend auf uns. Wir bestrafen uns quasi selbst durch ein nagendes Gefühl, so, als ob wir durch Schuldgefühle gut machen könnten, was wir vielleicht zu Lebzeiten des Verstorbenen versäumt haben, so als ob wir unsere Liebe durch schuldbeladene Gefühle beweisen könnten. Besonders wenn wir uns mit dem Verstorbenen häufig gestritten haben, belasten wir uns nach dessen Tod mit Schuldgefühlen.

Da diese Schuldgefühle das Geschehene, den Tod, nicht mehr rückgängig machen können, machen wir uns völlig umsonst Schuldgefühle. Schuldgefühle können nichts ungeschehen machen, und wir haben auch in der Zukunft keine Chance, es ungeschehen zu machen. So bleiben wir mit unseren Schuldgefühlen zurück. Schlimmer noch: Unsere Schuldgefühle verhindern unseren Abschied und die Öffnung für neue Menschen.

In meinen Augen sind Schuldgefühle sinnlose Gefühle. Wir werden dadurch nicht zu einem besseren Menschen und können uns durch sie für die Zukunft auch nicht vor Fehlern bewahren. Menschen, die absichtlich etwas Schlimmes oder Falsches tun, haben in aller Regel keine Schuldgefühle. Und Menschen, die sich Schuldgefühle machen, tun absichtlich nichts Falsches. Sie tun es in der besten Absicht, und weil sie in diesem speziellen Augenblick keine andere Möglichkeit sehen, sich zu verhalten. Im nachhinein stellt sich ihr Verhalten als Fehler heraus. Da sie nicht in die Zukunft schauen können, konnten sie sich jedoch nicht anders verhalten.

Es ist sinnvoll, ein Verhalten zu bedauern.
Es ist jedoch nicht sinnvoll,
sich dafür als Mensch zu verurteilen
und von sich zu fordern, fehlerlos zu sein.

Wenn Sie sich Schuldgefühle machen und dadurch etwas gutmachen oder korrigieren können, sind Schuldgefühle hilfreich, dann aber auch schon wieder überflüssig, denn Sie tun alles, Ihren Fehler zu korrigieren. Machen Sie sich Schuldgefühle und haben keine Möglichkeit, Ihren Fehler zu korrigieren, haben Sie die Wahl, sich entweder Ihr Leben lang Schuldgefühle zu machen, oder aber Ihre Schuldgefühle aufzugeben. Wenn Sie Ihre Schuldgefühle aufgeben, hat das nichts damit zu tun, daß Sie Ihr Verhalten gutheißen. Sie verzeihen sich lediglich, ein fehlerhafter Mensch zu sein.

Wenn die ersten Phasen der Trauerarbeit vorbei sind und Sie beginnen, wieder in der Gegenwart zu leben, werden Sie erneut Schuldgefühle verspüren. Sie machen sich dann höchstwahrscheinlich Schuldgefühle, weil Sie denken, nicht glücklich sein zu dürfen, wo doch der Partner gestorben ist, oder Sie fühlen sich schuldig, weil Sie sein Geld ausgeben, einem Hobby nachgehen, das er nie wollte, eine neue Partnerschaft eingehen, sein Haus umbauen, etc. Auch dann sind die Schuldgefühle nicht sinnvoll. Selbst wenn Sie dem Partner auf dem Sterbebett etwas versprochen haben, das Sie nicht einhalten, sind Schuldgefühle schädlich. Sie sind noch am Leben und haben die Freiheit, zu entscheiden, wie Sie weiterleben möchten. Sie sind jetzt selbst für Ihr Leben verantwortlich. Es ist Ihr Recht, wieder glücklich zu sein. Sie haben sich Treue versprochen, "bis daß der Tod euch scheidet", und nicht weiter. Ihre Schuldgefühle weisen nicht darauf hin, daß Sie etwas Falsches tun. Diese entstehen, indem Sie denken, daß Sie etwas tun, was Sie nicht tun dürften, oder etwas nicht tun, was Sie glauben, tun zu müssen. Ändern Sie Ihre inneren Forderungen an sich selbst und verhalten Sie sich danach, dann werden sich Ihre Schuldgefühle in Nichts auflösen.

So können Sie Ihre Schuldgefühle überwinden

• Nehmen Sie wieder Ihr Tagebuch zur Hand. Schreiben Sie zunächst einmal all das auf, was Sie sich vorwerfen, nicht gesagt oder getan zu haben, oder nicht hätten sagen oder tun dürfen, als Ihr Partner noch am Leben war. Schreiben Sie auf, wo Sie ihn Ihrer Meinung nach gekränkt oder verletzt haben. Schreiben Sie auf: „Ich werfe mir vor, daß ich ... Ich gebe mir die Schuld, daß ...". Dann korrigieren Sie Ihre Vorwürfe: „Es tut mir leid, daß ... Ich bedaure, daß ... Ich war nicht fähig, anders zu handeln. Ich habe getan, was mir möglich war. Ich bin nur ein Mensch, der wie alle anderen Menschen Fehler macht. Ich bin bereit, dich um Verzeihung zu bitten. Ich bin bereit, mir zu verzeihen".

Dann fügen Sie hinzu, was Sie Gutes für Ihren Partner getan haben: „Ich habe mich bemüht, daß ... Ich habe dir ... gegeben".

Es ist in Ordnung, wenn Ihnen dabei die Tränen kommen. Wenn Sie möchten, können Sie mit einem vertrauten Menschen darüber sprechen. Durch diese Übung vervollkommnen Sie die Beziehung zu Ihrem Partner. Sie lösen sich von Ihren Schuldgefühlen und können mehr Liebe für den Partner empfinden. Es ist wichtig, sich selbst zu verzeihen. Wenn Sie möchten, können Sie sich beim Briefeschreiben vorstellen, daß Ihnen Ihr Partner zuhört und Ihnen verzeiht.

• Hören Sie auf, sich vorzuwerfen: „Wenn ich nur das ... gemacht oder ... nicht gemacht hätte". Sagen Sie sich stattdessen: „Ich habe mein Bestes gegeben. Ich habe getan, was mir in diesem Augenblick richtig erschien. Ich habe getan, was mir in diesem Augenblick möglich war. Ich habe keine Wahl, wer sterben soll und wer nicht. Der Tod unterliegt nicht der menschlichen Kontrolle".
Sie werden sich auch hier wieder so vorkommen, als ob Sie sich belügen. Ihr Gefühl sagt Ihnen im Augenblick noch, daß Sie "doch hätten etwas anders machen sollen". Sagen Sie dennoch immer wieder: „Ich habe mein Bestes gegeben. Es tut mir leid, daß ich mich nicht anders verhalten konnte".

• Schuldgefühle sind eng verknüpft mit Gefühlen der Wut auf sich selbst. Ein Merkmal dafür, daß Sie wütend auf sich sind, ist, wenn Sie sich häufig irgendwo anstoßen, Dinge verlieren, sich in den Finger schneiden, exzessiv Alkohol trinken oder wahllos Essen zu sich nehmen.

• Sollte Ihr Partner oder Ihr Kind kurz nach einem Streit mit Ihnen verstorben sein, dann sind Schuldgefühle besonders hartnäckig. Aber auch hier gibt es keine andere Aussage als: „Ich bin ein fehlerhafter Mensch wie jeder andere und habe mein Bestes gegeben, was mir in diesem Augenblick möglich war". Solange Sie niemanden körperlich angreifen, erschießen oder erschlagen, sind Sie niemals schuld am Tod eines anderen Menschen. Selbst wenn Ihnen Ihr Partner sagt, er würde sich umbringen, wenn Sie ihn verlassen, und er nimmt sich dann tatsächlich das Leben nach Ihrem Auszug, dann sind Sie lediglich ein Auslöser für sein Verhalten, aber niemals die Ursache. Er hat andere Wahlmöglichkeiten, als sich umzubringen. Er hätte beispielsweise in Therapie gehen, die Telefonseelsorge anrufen oder sich an einen Freund wenden können.

• Überlegen Sie sich anhand der Vorwürfe, die Sie sich machen, was Sie in Ihrem weiteren Leben anders machen möchten. Möchten Sie zu den Menschen toleranter sein, sich und anderen mehr gönnen, mehr Zeit in gute Gespräche investieren, anderen mehr Wünsche erfüllen, sich mehr um andere kümmern? Möchten Sie sich für Ihre eigene Gesundheit mehr Zeit nehmen und bewußter leben? Auf diesem Weg verwandeln Sie Ihren Fehler in eine Chance für das weitere Leben. Sie lernen aus Ihren Fehlern, anstatt bei lähmenden Vorwürfen stehenzubleiben.

• Wenn wir nach dem Verlust mal wieder für einen Augenblick Freude am Leben haben und die Trauer vergessen, machen wir uns ebenfalls häufig Schuldgefühle. Wir denken, den Partner verraten zu haben, ihn nicht genügend geliebt zu haben, "denn sonst könnten wir uns wohl kaum freuen". Auch andere Menschen können versuchen, uns dann Schuldgefühle zu erzeugen: „Jetzt ist ihr Mann erst vier Monate unter der Erde und sie geht schon wieder ins Konzert, zieht sich ein rotes Kleid an ...". Diese Einstellung ist sehr irrational. Man kann nicht durch ein Gefühl der Trauer ein Gefühl der Liebe beweisen. Wir sind unserem verstorbenen Partner gegenüber nicht verpflichtet, uns elend zu fühlen. Er würde sich sicher wünschen, daß es uns gut geht und wir auch wieder Freude am Leben empfinden. Wahre Liebe bedeutet, daß man dem Partner wünscht, daß es ihm gut geht. Wir können unseren Partner nicht zum Leben erwecken und am Leben teilhaben lassen, indem wir uns in Verzweiflung halten. Wir können uns im Hier und Jetzt am Leben erfreuen und wieder aktiv teilnehmen und dennoch dankbar für die Zeit mit unserem Partner sein.

Sie sind schon in der zweiten Phase
der Trauerverarbeitung. Es geht voran.
Sie werden wieder Freude empfinden können.

Körperliche Reaktionen

Da Körper und Seele nicht getrennt von einander existieren, machen sich alle sorgenden und quälenden Gedanken auch im Körper bemerkbar. Wir erleben uns in Lebensgefahr und aus dem Gleichgewicht. Wir glauben, ohne Partner nicht weiterleben zu können, klagen das Schicksal an, so ungerecht zu uns zu sein. Wir stehen vor einer neuen unbekannten, uns angstmachenden Situation, ohne Partner weiterleben zu müssen. All das bringt unseren Körper aus dem Gleichgewicht und in Alarmstimmung. Unser Körper reagiert in der Trauerphase mit vielen unterschiedlichen Signalen: mit Magenkrämpfen und Magenschleimhautentzündung, blasser und fahler Haut, erhöhtem Blutdruck, Leeregefühl im Magen, Brustbeklemmung, Zugeschnürtsein der Kehle, Überempfindlichkeit gegen Lärm, Kurzatmigkeit, Müdigkeit, Mundtrockenheit, Kopfschmerzen, Klingeln in den Ohren, Übelkeit, Muskelkrämpfen, Appetit- und Schlafstörungen, Verlust der sexuellen Bedürfnisse, Unfähigkeit, sich zu entspannen, Verspannungen, Durchfall, Verstopfung, Anfälligkeit gegen Infektionen, Herzstechen, Ausschlägen, usw. Unser Körper lebt in chronischer Anspannung, sodaß wir uns müde und erschöpft fühlen.

„Gerade dann, wenn ich sehr viel Energie bräuchte, um mein Leben wieder in den Griff zu bekommen, läßt mich mein Körper im Stich", klagen manche Klienten. Unsere Abwehrkräfte sinken sechs bis neun Monate nach dem Verlust dramatisch. Die Wahrscheinlichkeit, Krebs oder einen Herzinfarkt zu bekommen, ist erheblich höher, ebenso die Wahrscheinlichkeit für Bluthochdruck, Arthritis, Diabetes, Migräne, für einen Schlaganfall, Lungenentzündung, Nierenentzündung, Magengeschwüre, Rheuma, Allergien. Unser Körper signalisiert uns: "Du bist aus dem Gleichgewicht. Tu was".

Viele Menschen, die ihren Partner durch einen Herzinfarkt oder eine Krebserkrankung verloren haben, verspüren an genau dem gleichen Organ wie der Partner Schmerzen. Das bedeutet nicht, daß sie verrückt werden, wenn sie solche Symptome verspüren. Es ist eine gewisse Form von Solidarität für den Verstorbenen. Das rührt daher, daß sie sich immer wieder vorstellen, wie der Partner gestorben ist, und auch verstärkt auf die Stellen im eigenen Körper achten.

Da Körper und Seele zusammengehören, ist es absolut normal, während der Trauerphase auch körperliche Beschwerden zu haben. Bisher haben wir uns mehr damit befaßt, wie wir den Verlust seelisch verarbeiten können. Nun wollen wir uns dem Körper zuwenden. Genauso wie wir über unsere Gedanken unsere Gefühle und unseren Körper beeinflussen können, können wir aber auch über unseren Körper unsere Gefühle und Gedanken beeinflussen. Körperliche Bewegung, Schlaf, aber auch die Ernährung sind wesentliche Mittel, wie wir unserem Körper aktiv bei der Trauerarbeit helfen können. Wir müssen uns jedoch auch hier wieder darauf gefaßt machen, daß es uns zunächst ungeheuer schwer fallen wird, etwas Gutes für unseren Körper zu tun. Zunächst werden wir uns nahezu dazu zwingen müssen, unseren Körper zu beachten und wichtig zu nehmen. Mit der Zeit wird er uns aber die Rückmeldung geben, daß es ihm gut tut, wenn wir uns gezielt um ihn bemühen. Wählen Sie wiederum aus den Vorschlägen das aus, was für Ihren Körper am besten paßt.

So können Sie Ihrem Körper bei der Trauerarbeit helfen

Der Umgang mit dem Schlaf

Es gibt kaum einen Menschen, dessen Schlafgewohnheiten in der Trauerphase erhalten bleiben. Die einen schlafen gleich nach dem Zu-Bett-Gehen ein, wachen aber nach wenigen Stunden durch Alpträume aufgeschreckt auf, andere können bis zum Morgen nicht schlafen und stehen erschlagen auf. Wiederum andere schlafen zuviel und fühlen sich dadurch erschlagen und ohne Energie.

• Nehmen Sie vor dem Schlafengehen ein warmes Bad. Das entspannt Ihren Körper ein wenig.

• Trinken Sie abends vor dem Zu-Bett-Gehen ein Glas warme Milch mit Honig oder einen Kräutertee, das beruhigt. Trinken Sie bitte keinen Alkohol als Schlaftrunk. Ihr Körper hat seine Berechtigung, warum er Ihnen keinen Schlaf gibt. Wenn Sie ihm angewöhnen, nur mit Alkohol zu schlafen, wird er süchtig werden.

• Gehen Sie zu einer bestimmten feststehenden Zeit ins Bett, auch wenn Sie sich nicht danach fühlen, und stehen Sie immer zur gleichen Zeit am Morgen auf. Legen Sie sich tagsüber nicht zum Schlafen hin, sodaß Ihr Körper seinen Rhythmus wiederfinden kann.

• Nehmen Sie Ihr Bett nur zum Schlafen. Es ist nicht der geeignete Ort zum Grübeln und Sorgenmachen. Wenn Sie nicht einschlafen können, stehen Sie wieder auf.

• Schreiben Sie all Ihre Sorgen, Ängste und Ihre quälenden Gedanken in Ihr Tagebuch, das Sie neben dem Bett liegen haben. Dann legen Sie sich wieder hin. Sie können sich auch ein Buch oder eine Illustrierte zur Hand nehmen und darin lesen.

• Auch Entspannung tut Ihrem Körper gut. Sie ist besser, als zu grübeln. Machen Sie die Entspannungsübung, die ich Ihnen weiter unten erkläre, oder hören Sie eine leichte Musik. Hilfreich ist auch eine Kassette, die die Entspannung mit einer klassischen Musik verknüpft. Im Anhang finden Sie die Bestelladresse hierzu. Sie können sie einfach in den Kassettenrekorder einschieben und der Instruktion lauschen.

• Sagen Sie sich, wenn Sie nicht einschlafen können: „Es ist in Ordnung, daß ich keinen Schlaf finde. Mein Körper ist alarmiert und fühlt sich bedroht. Er braucht seine Zeit, um ein neues Gleichgewicht zu finden. Ich werde die Entspannungsübung machen, damit kann ich mich auch erholen."

• Vermeiden Sie es, länger als 4 Wochen Schlaftabletten einzunehmen. Diese heilen nicht. Sie zerstören im Gegenteil Ihren normalen Schlafrhythmus. Ihr Körper ist nicht krank, sondern lediglich wie Ihre Seele aus dem Gleichgewicht.

• Wenn Sie zu den Menschen gehören, die sich am liebsten in ihrem Bett verkriechen und nie mehr aufstehen würden, dann ist es wichtig, daß Sie sich jeden Tag etwas vornehmen, sonst werden Sie immer lethargischer. Eine Alltagsroutine aufrechtzuerhalten, auch wenn Sie sich körperlich nicht danach fühlen, hilft Ihnen dabei, sich ein klein wenig "sinnvoll" zu fühlen und den Eindruck zu haben, Sie leben noch in dieser Welt.

Stellen Sie sich den Wecker täglich zur gleichen Zeit und stehen dann auch auf. Ihr Gefühl wird Ihnen auch hier wieder sagen, daß "Sie es gar nicht schaffen können, aus dem Bett zu kommen". Doch Sie können es! Loben Sie sich dafür, daß Sie die Kraft hatten, aufzustehen. Jeder Tag bietet eine neue Chance, einen Sieg zu erringen.

Eine Hilfestellung liegt mir noch am Herzen, die auf den ersten Blick etwas brutal klingt. Dennoch hat sie schon vielen Menschen geholfen. Schauen Sie sich die Übung einfach an und, wenn Sie möchten, probieren Sie sie aus. Sie richtet sich an die Menschen, die nachts überhaupt nicht abschalten können.

• Legen Sie sich zu Ihrer gewohnten Zeit ins Bett. Bei den ersten grüblerischen Gedanken stehen Sie auf und machen fünf Liegestütze. Danach gehen Sie wieder ins Bett. Wenn Sie wieder grübeln, stehen Sie erneut auf. Dieses Mal blühen Ihnen 10 Liegestützen. Sie steigern also jedes Mal um 5 Liegestützen und bleiben konsequent. Auf jedes Grübeln folgen Liegestütze auf dem Boden. Mit dieser Übung erreichen Sie zwei Ziele: Zum einen bauen Sie Ihre innere Anspannung ab und werden körperlich müde, zum anderen werden Sie sich früher oder später bei dem Gedanken ertappen: „Halt, ich darf nicht grübeln, sonst muß ich wieder auf den Boden. Lieber höre ich auf zu grübeln". Und damit haben Sie gewonnen! Es geht bei der Übung nicht darum, etwas zu verdrängen. Sie sollen sich all die für die Trauerarbeit notwendigen Gedanken machen, jedoch nicht nachts im Bett. Da Sie Ihren Schlaf bitter nötig haben, sollen Sie alle Gedanken auf den nächsten Morgen vertagen.

Zwei Wege zur Entspannung

Ich möchte Ihnen zwei Entspannungsverfahren vorschlagen, die leicht zu erlernen und sehr wirkungsvoll sind: die Bauchatmung und die Spontan-Entspannungstechnik:

Anleitung zur Bauchatmung

Legen Sie Ihre Hand flach 2cm unterhalb des Nabels auf die Bauchdecke. Dann atmen Sie tief ein und stellen sich vor, wie der Atem langsam bis hinunter zu Ihrer Hand fließt und schließlich Ihre Hand hochatmet. Dann stellen Sie sich vor, wie der Atem langsam wieder über den Brustraum zurück über die Nase nach außen strömt, und die Hand langsam wieder nach unten sinkt.

Wiederholen Sie diese Atemtechnik mehrere Minuten lang. Sie können hierdurch die Sauerstoffzufuhr reduzieren und werden ruhiger werden.

Anleitung zur Spontan-Entspannungstechnik

Atmen Sie etwas tiefer ein, als Sie das gewöhnlich tun. Dann atmen Sie in einer Bewegung wieder aus, ohne den Atem nach dem Einatmen anzuhalten. Wenn Sie ausgeatmet haben, halten Sie Ihren Atem für ca. 6-10 Sekunden an. Finden Sie selbst heraus, welche Zeit für Sie am angenehmsten ist. Zählen Sie in Gedanken von 1001 bis 1006 oder

1010 (eintausendundeins ... bis eintausendundsechs). Nachdem Sie den Atem angehalten haben, atmen Sie wieder ein, atmen in einer Bewegung wieder aus, ohne den Atem anzuhalten, und halten ihn dann für weitere 6 bis 10 Sekunden an.

Wiederholen Sie diese Atemübung für zwei bis drei Minuten bzw. solange, bis Sie deutlich entspannter und ruhiger sind. Sie verringern die Sauerstoffzufuhr, was eine Entspannung bewirkt, und erreichen durch das neutrale Zählen ebenfalls eine geistige Entspannung.

Diese beiden Entspannungsübungen können Sie, wann immer Sie unter innerer Unruhe leiden, Tag und Nacht einsetzen. Sie benötigen hierzu kein Training. Probieren Sie sie jetzt gleich einmal aus. Legen Sie das Buch zur Seite und beginnen Sie mit der Bauchatmung.

Sollte es Ihnen gar nicht gelingen, zum Schlaf zu finden, wirken pflanzliche Medikamente auf der Basis von Johanniskraut und Baldrian beruhigend und schlaffördernd.

Mit der Zeit wird es immer mehr gute als schlechte Tage geben.

Liebe Leserin, lieber Leser, sind Sie noch bei mir? Folgen Sie mir noch auf dem Weg zum Gipfel? Wir wollen hier einen Augenblick verschnaufen. Ich weiß, daß es schwer fällt, in einer Krise Neues zu lernen. Es ist mühsam, die Energie für eine Veränderung aufzubringen. Schon wenn man sich im Gleichgewicht fühlt, ist es anstrengend, Gewohnheiten zu verändern, und jetzt erst recht. Erinnern Sie sich an den Vergleich des Verlustes mit einer Operation. Sie haben eine schwere Operation hinter sich und eine Wunde, die schmerzt und möchte, daß Sie sich nicht bewegen. Doch Sie wissen, daß Sie sich bewegen müssen, damit die Muskeln nicht gänzlich verkümmern. Unbarmherzig wird Sie die Krankengymnastin aus dem Bett scheuchen, und Sie werden wohl oder übel mit Zähneknirschen Ihr Tagespensum hinter sich bringen. Und Sie werden mit jedem Trainingstag erleben, daß die Wunde weniger schmerzt. Irgendwann werden Sie ohne viel Energieaufwand aus dem Bett steigen können.

Der Weg durch die Trauer kostet ebenfalls zunächst Kraft und Überwindung. Ihre körperliche Heilung können Sie durch geeignete Bewegung, Entspannung und Ernährung fördern. Jedes kleine Schrittchen, das Sie tun, zählt - auch wenn andere vielleicht schneller vorankommen. Jeder neue Tag ist eine neue Chance, heute besonders behutsam mit Ihrem Körper umzugehen. Leben Sie nur für einen Tag.

Der Umgang mit der Leistungsanforderung

Während andere Kulturen dem Trauernden nach einem Todesfall verbieten, zu arbeiten und an den Aufgaben der Gemeinschaft teilzunehmen, werden wir in unserer Gesellschaft nur wenige Tage, sofern wir einer Beschäftigung nachgehen, geschont. Dann erwartet man von uns die Rückkehr in den Alltag, so als ob nichts geschehen wäre. Doch unser Geist und unser Körper können diesen Erwartungen nicht nachkommen. Wir spüren, wie wenig wir aufnahmebereit sind, wie wenig wir uns konzentrieren können. Wir müssen lernen, auf uns selbst Rücksicht zu nehmen und den Weg zu finden, wo wir uns nicht passiv ins Nichtstun zurückziehen, von uns aber auch keine unerreichbare Höchstleistung erwarten.

• Gönnen Sie sich viel Ruhe. Vermeiden Sie möglichst für eine Weile übergroße Anstrengungen. Ihr Körper benötigt mehr Energie als sonst.

• Reduzieren Sie im Augenblick Ihre Erwartungen in Ihre Leistungsfähigkeit. Wenn Sie berufstätig sind, erwarten Sie von sich nur, daß Sie zur Arbeit gehen und Ihre Arbeit erledigen. Sie können sich im Augenblick weder besonders gut konzentrieren, noch kreativ oder aufnahmefähig für Neues sein. Wenn möglich, informieren Sie Ihre Kollegen, daß Sie nur reduziert einsatzfähig sind und nur das geben können, was Ihnen im Augenblick möglich ist. Wenn Sie nicht berufstätig sind, ist es schon ein Erfolg, aufzustehen, ein klein wenig aufzuräumen, einzukaufen und für Essen zu sorgen. Nehmen Sie sich ein Programm vor, was Sie tun möchten, aber mit reduzierten Anforderungen. Wie nach einer schweren Operation müssen Sie Ihren Einsatz langsam steigern.

• Informieren Sie Ihren Arbeitgeber oder Vorgesetzten, daß Ihre Leistungsfähigkeit im Augenblick durch den Todesfall eingeschränkt ist, sich aber im Laufe der Zeit wieder normalisieren wird.

Es kann vorkommen, daß Ihnen am Arbeitsplatz die Tränen plötzlich herunterlaufen, weil Sie an Ihren Partner denken. Das ist menschlich. Machen Sie dann eine Pause und gehen Sie auf die Toilette, bis Sie wieder Ihre Fassung gewonnen haben.

Sie können im Augenblick nur das geben,
was Ihnen möglich ist - in Ihrer Situation, mit Ihrer
Persönlichkeit. Kein anderer Mensch kann ermessen,
welche Leistung Sie im Augenblick vollbringen.

Der Umgang mit der Ernährung

Bei vielen Menschen kommt es während des Trauerprozesses zu einer Störung des Eßverhaltens. Die einen kriegen überhaupt keinen Bissen hinunter. Appetit und Genießen-Können sind auf dem Nullpunkt. Der Körper signalisiert, daß er am liebsten nicht weiterleben will. Andere beginnen, wahllos ungesunde Nahrungsmittel zu verschlingen. Sie essen Unmengen an Eis und Schokolade, trinken kannenweise Kaffee. Sie schmeißen lieblos alles in einen Topf, essen beim Zeitunglesen oder vor dem Fernseher. Es verändert sich sowohl der Geschmack und das Bedürfnis nach bestimmten Nahrungsmitteln, als auch die Bereitschaft, Essen zuzubereiten. Viele greifen auf die Nahrungsmittel zurück, die sie in ihrer Kindheit als Trostpflaster und bei Krankheiten von der Mutter erhalten haben, beispielsweise Pudding, Griesbrei, heiße Schokolade, Fertigsuppe, Joghurt, Bananenmilch und Obstquark. Diese Nahrungsmittel rutschen leicht hinunter und machen in der Zubereitung keine große Arbeit.

Auch bei der Ernährung stehen Sie wieder vor dem Problem, daß Ihnen wahrscheinlich überhaupt nicht danach zumute ist, auf Ihre Ernährung zu achten. Gerade jetzt, obwohl Sie jetzt am wenigsten Interesse für gesunde Ernährung haben, ist es wichtig, auf eine einigermaßen ausgewogene Ernährung zu achten. Sie wissen, daß Geist und Körper sich gegenseitig beeinflussen. Einige Nahrungsmittel tragen wesentlich dazu bei, daß sie sich voller Energie und Tatendrang fühlen, andere wirken beruhigend, wiederum andere machen Sie unruhig oder depressiv.

Vielleicht gehen Ihnen nun folgende Gedanken durch den Kopf: „Jetzt kommt es ja überhaupt nicht mehr darauf an, was ich esse". „Für mich allein lohnt es sich nicht". „Es ist eh alles egal". „Ich habe sowieso keinen Hunger". „Mein Körper braucht einfach was Süßes". Mit diesen Gedanken können Sie nicht für eine gesunde, hilfreiche Ernährung sorgen. Sie brauchen eine andere Einstellung zur Ernährung. Wie wäre es damit?:

> „Ich möchte meinen Körper in seiner Trauerarbeit unterstützen. Er steht im Augenblick unter erhöhtem Streß und seine Abwehrkräfte sind geschwächt. Ich brauche meinen Körper noch. Wenn ich mehr Kraft habe, kann meine Heilung schneller voranschreiten. Ich bin wichtig und deshalb werde ich auf eine gesunde Ernährung achten, auch wenn ich mich nicht danach fühle. Mein Körper wird es mir danken".

• Meiden Sie Alkohol, Nikotin und Tabletten, um sich kurzfristig besser zu fühlen. Durch deren Einnahme fühlen Sie sich vielleicht tatsächlich für kurze Zeit besser, doch dann kommt Ihnen das ganze Elend, vielleicht noch zusätzliche Schuldgefühle wieder zum Bewußtsein. Diese "Drogen" betäuben zwar Ihre Gefühle für den Augenblick, sie können Ihren seelischen und körperlichen Schmerz jedoch nicht heilen und Ihre Gedanken nicht zum Verschwinden bringen. Sie können diese Ihr Leben lang einnehmen, doch dann werden Sie den Gipfel des Berges nicht erreichen und vielleicht auch noch abhängig werden.

• Trinken Sie viel Mineralwasser oder Kräutertees. Streß führt zu einer Störung Ihres Flüssigkeitshaushaltes. Machen Sie es sich zur Gewohnheit, sich sichtbar eine Flasche Sprudel hinzustellen und Ihr Glas immer wieder zu füllen. Sie werden nicht unbedingt Durst empfinden, trinken Sie dennoch.

• Achten Sie auf eine gesunde Ernährung. Sie brauchen kein Festtagsessen für sich zu zaubern. Sie können sich ein paar Haferflocken in den Quark streuen, die Suppe mit frischem Gemüse oder den Joghurt mit Obst anreichern. Essen Sie Vollwertprodukte, Salat, Obst und rohes Gemüse. Sie benötigen wenig Fleisch, Fisch und Eier. Zum Knabbern eignen sich Nüsse und Karotten. Ihr Appetit wird wiederkommen und sich regulieren. Kochen Sie größere Portionen und frieren Sie sie portionsweise ein, sodaß der Aufwand des Essenkochens nur ab und zu auf Sie zukommt.

• Essen Sie regelmäßig, auch wenn Sie sich dazu zwingen müssen. Es ist besser, kleinere Mahlzeiten zu sich zu nehmen, als auf einmal sehr viel.

• Nehmen Sie sich die Zeit, sich zum Essen hinzusetzen, und machen Sie Ihren Eßplatz ein wenig zurecht. Stellen Sie ein Blümchen auf den Tisch oder legen Sie ein Set unter den Teller - auch wenn es Ihnen überflüssig erscheint.

• Wenn Sie Ihren Nerven eine zusätzliche Unterstützung zukommen lassen wollen, dann sorgen Sie für eine genügend große Zufuhr von Vitaminen B, C und E sowie dem Mineralstoff Magnesium. Sie können Ihren Bedarf auch in Form von Tabletten, die Sie in der Apotheke rezeptfrei erhalten, decken.

• Wenn Sie schon immer unter hohem Blutdruck oder Herzbeschwerden leiden, suchen Sie Ihren Hausarzt auf, um sich untersuchen zu lassen.

Ihr Körper gibt Alarmsignale.
Gehen Sie behutsam mit ihm um.

Umgang mit körperlicher Aktivität

Ihr Körper ist im Augenblick entweder aufs äußerste in Anspannung und Unruhe oder energielos wie ein Ball ohne Luft. Für beide Zustände ist es sinnvoll, Ihren Körper mit ein wenig körperlicher Aktivität zu fordern. Sie sollen keinen Marathonlauf machen oder ein Tennismatch durchstehen. Ein Spaziergang um den Block oder im Park genügt. Auch ein paar Streckübungen am Morgen tun dem Körper gut. Wenn Sie sich überwinden können, sich aufs Fahrrad zu schwingen, ist das eine großartige Leistung. Durch die körperliche Aktivität kommt es zu einer Veränderung im Stoffwechsel, was insbesondere Depressionen mildern kann.

Behandeln Sie sich liebevoll.
Sie haben die Unterstützung
des Partners verloren.
Wenn Sie sich selbst nun noch
für Ihre Gefühle verurteilen,
sind Sie ganz allein.
Ihre Gefühle sind in Ordnung.
Sie gehören zum Heilungsprozeß.
Sie können sie annehmen
und dennoch alles dafür tun,
sie zu überwinden.

Das Gefühl der Wut auf den Verstorbenen und die Umwelt

„Warum, warum, warum ...?
Keine Antwort.
Das kann doch nicht der Sinn des Lebens sein.
Warum?
Es gibt keine Antwort.
Soll ich in einer solch ungerechten Welt weiterleben?"

„Wie kann er mir so was antun, mich einfach zu verlassen?". „Warum haben die Ärzte ihn nicht retten können?". „Warum gerade wir, wo wir doch eine so glückliche Partnerschaft hatten?". „Warum haben die Zuschauer ihm nicht geholfen?". „Warum ist die Forschung nicht weiter fortgeschritten?". „Warum gibt die Regierung kein Geld für die Forschung aus?". „Warum nur ...?"

Hinter all diesen Fragen steckt eine Forderung: „Das darf nicht so sein, wie es ist". „Er darf mich nicht verlassen". „Die Ärzte dürfen ihn nicht sterben lassen". „Die Welt darf nicht so ungerecht zu mir sein". „Mir darf das nicht passieren".

Immer wenn etwas nicht erwartungs- und wunschgemäß verläuft, fühlen wir uns bedroht und werden wütend. Die Reaktion, bei einer Bedrohung automatisch schneller zu atmen, unsere Muskeln anzuspannen, unseren Herzschlag zu beschleunigen und unseren Atemrhythmus zu steigern, ist ein Relikt unserer tierischen Vorfahren. Wir machen uns bereit zu Kampf oder Flucht. Manche Menschen reagieren auch mit dem sog. Totstellreflex: sie verharren wie gelähmt.

Der Tod eines uns sehr nahestehenden Menschen ist eine massive Bedrohung für uns. Wir wurden nicht gefragt, ob wir darauf vorbereitet sind. Wir haben unsere Einwilligung nicht gegeben. Deshalb fühlen wir uns völlig hilflos und ohnmächtig. Wir verspüren eine innere Anspannung, die uns in der Wohnung ruhelos umherlaufen läßt und uns den Schlaf raubt. Gleichzeitig können wir jedoch mit der in uns aufgetretenen Anspannung absolut nichts anfangen. Wir können den Toten nicht zurückholen, auch wenn wir den Arzt, einen anderen Menschen oder uns dafür umbringen. Wir können schreiend umherlaufen, uns selbst verstümmeln, mit dem Auto mit 200 km/h über die Autobahn fahren, unsere Anspannung kann an der Situation nichts ändern. Und dennoch muß sie kommen. Andere verfallen bei einem Verlust in Apathie und Passivität. Sie resignieren und geben den Kampf auf.

Wut und Haß sind menschliche Reaktionen, die zum Trauerprozeß dazugehören. Sie sind Ausdruck davon, daß all das, was wir uns in unserer Phantasie ausgemalt haben, nicht in Erfüllung gehen wird. Wir wurden nicht um Erlaubnis gefragt, sonst wäre es einfacher gewesen. Wir sehen die anderen Menschen, die noch einen Partner haben und so glücklich wirken, und wir dürfen nicht mehr daran teilhaben. Uns ging es doch so gut, und jetzt wurde uns das einfach weggenommen und wir wurden bestraft. Muß das nicht wütend machen? Muß die Welt nicht als ungerecht angesehen werden?

Doch, im ersten Moment schon. Wir müssen zunächst einmal wütend sein, wenn uns diese Gedanken durch den Kopf gehen und wir Pläne und nie mehr zu erfüllende Wünsche an den Partner gehabt haben. Wir müssen uns bedroht fühlen, wenn wir nicht mehr von unserem Partner haben können, was wir denken, zum Weiterleben zu brauchen und nur von ihm erhalten zu können. "Wir haben doch unser Leben so auf diesen Partner eingestellt, und jetzt wird er uns einfach weggenommen".

Es ist in Ordnung, Wut zu verspüren. Manchmal richtet sich die Wut auf die Ärzte, ein anderes Mal auf die Kirche oder andere Personen. Die Wut kann uns dabei helfen, uns dem Schicksal nicht hilflos ausgeliefert zu sehen. Wenn wir eine Erklärung finden, warum es so kommen mußte, dann ändert sich zwar nichts an der Situation, aber unsere Gefühle der Ohnmacht verschwinden. Manche Menschen erklären sich den Verlust des Partners auch als eine Bestrafung für etwas, was sie gemacht hätten. Das ist irrational. Verluste ereignen sich auf der Welt. Sie passieren guten und schlechten Menschen. Die Welt ist nicht gerecht. Verluste ereignen sich, weil wir in einer Welt leben, in der das Sterben zum Alltag gehört.

Manche Menschen verspüren auch Wut dem Partner gegenüber, der sie verlassen hat und sie in ihrem Elend allein ließ auch wenn uns die Gesellschaft vorschreiben will, daß man keine Wut auf einen Verstorbenen haben darf.

Haben Sie Wut auf Ihren verstorbenen Partner, die Ärzte, das Schicksal, den Pfarrer? Oder haben Sie Wut auf Ihre Schwester, eine Freundin, den Schwager, der sich seit der Beerdigung nicht mehr gemeldet hat? Auch hier ist es wichtig, daß Sie die Wut nicht in sich rumoren lassen.

Bei vielen Menschen dauert es sehr lange, bis die Wut auftritt. Richtet sich die Wut auf den verstorbenen Partner, fällt es uns besonders schwer, die Wut einzugestehen und zuzulassen. Wir verspüren erst Einsamkeitsgefühle, Verzweiflung und Ängste. Es ist gut, wenn die Wut auftritt und erlebt wird, dann können wir voranschreiten auf dem Weg zur Heilung. Wir können die Wut überwinden.

Gehen Sie auf dem Pfad zum Gipfel voran.
Sie dürfen Luft schnappen und ein wenig verweilen,
aber bleiben Sie nicht für immer stehen.
Am Gipfel erwarten Sie:
mehr Energie und Kraft,
mehr Lebensfreude,
neue Ziele,
mehr Sicherheit und Selbstvertrauen,
innerer Frieden,
Bedauern, aber kein nagender Schmerz,
Unabhängigkeit.

So überwinden Sie Ihre Wut auf andere oder das Schicksal

• Akzeptieren Sie Ihre Wut und den Haß. Sie sind normal und gehören zum Trauerprozeß. Jeder Mensch erlebt Wut, wenn seine Forderungen nicht erfüllt werden. Je mehr Forderungen nicht erfüllt werden, umso wütender, aber auch umso hilfloser fühlen wir uns. Sagen Sie sich:

„Ich bin wütend und bereit, meine Wut zu akzeptieren". Sie brauchen sich deshalb keine Schuldgefühle zu machen. Ihre Wut ist in Ordnung. Sie können entscheiden, was Sie mit Ihrer Wut machen.

• Nehmen Sie Ihr Tagebuch zur Hand und beschweren Sie sich bitterlich über all die Ungerechtigkeit der Welt und die Menschen, von denen Sie anderes erwartet hätten. Beginnen Sie die einzelnen Sätze mit: „Ich bin wütend, daß .... Ich bin enttäuscht, daß ....". Sie werden beim Niederschreiben der einzelnen Vorwürfe Spannung in Ihrem Inneren verspüren. Lassen Sie sie zu.

• Bringen Sie Ihre Wut und Spannung auf ungefährliche Art und Weise zum Ausdruck. Wählen Sie hierzu eine Aktivität, zu der Sie Energie benötigen und in Bewegung sind. Werfen Sie Steine in einen See, ein Kissen an die Wand, fahren Sie Fahrrad und verfluchen dabei die Welt, machen Sie einen Dauerlauf, spielen Sie Handball, Tennis, etc. Schlagen Sie auf ein Kissen und beklagen Sie sich laut, wenn niemand in der Nähe ist. Sie haben die Spannung im Körper und können nur noch entscheiden, was Sie damit anfangen. Sie können nicht wählen, keine Wut zu haben.

Sie sind weder verrückt, noch werden Sie verrückt werden. Sie erleben lediglich die Spannung, die aufkommt, wenn man sich bedroht fühlt.

• Wann immer Sie denken: „Das darf nicht so sein, wie es ist", setzen Sie den Gedanken dagegen: „Ich bin bereit, die Situation so anzunehmen, wie sie ist. Es ist schade, daß meine Wünsche nicht erfüllt wurden. Die Welt ist nicht gerecht und verpflichtet, mir meine Wünsche zu erfüllen. Ich habe die Chance, mir neue Pläne zu machen. Andere Menschen sind nicht verpflichtet, sich nach meinen Vorstellungen zu verhalten. Es ist schade, wenn sie es nicht tun. Sie haben das Recht, sich nach ihren eigenen Vorstellungen und Gewohnheiten zu verhalten. Menschen sind nun mal fehlerhaft, auch wenn anderen dadurch Nachteile entstehen".

Wenn Sie so denken, werden Sie in Ihrem Körper zunächst heftigen Protest verspüren. Sie haben das Gefühl, sich fürchterlich zu belügen und sich etwas vorzumachen. Lassen Sie sich nicht von Ihrem Gefühl täuschen. Warten Sie nicht, daß Ihr Gefühl Ihnen zustimmt. Ihr Gefühl wird Ihnen noch eine ganze Weile sagen, daß die Welt doch gerecht sein sollte - zumindest zu Ihnen oder zumindest in diesem einen Fall. Irgendwann nach der Zeit, die Sie für die Veränderung Ihrer Gefühle benötigen, werden Sie Zustimmung durch Ihr Gefühl erfahren. Sie werden dann eine leichte Traurigkeit und ein Nachlassen der Spannung und Wut verspüren.

• Seien Sie bereit, anderen ihre Fehlerhaftigkeit zu verzeihen. Menschen werden immer wieder Fehler machen aufgrund von Unwissenheit, Unachtsamkeit, Unfähigkeit, eigenen Bedürfnissen oder seelischen Problemen. Sie machen sie nicht absichtlich, um Sie zu strafen. Sagen Sie sich innerlich immer wieder: „Ich bin bereit zu verzeihen".

Wut auf den Partner

Da wir beim Tod des Partners nicht um Erlaubnis gefragt wurden und ihn nicht verlieren wollten, quälen wir uns manchmal auch mit dem Gedanken: „Wie konnte er mir das antun. Er wußte genau, daß ich ohne ihn nicht leben kann". „Wie kann er mich gerade jetzt verlassen, wo ich ihn so sehr brauche!" „Wir hatten uns doch ausgemalt, unseren Lebensabend gemeinsam zu verbringen". „Er hätte nicht so viel trinken sollen. Warum hat er nicht auf mich gehört". „Warum hat er mich hier sitzen lassen mit all dem Elend". „Er hätte mir nicht so viel abnehmen sollen; jetzt bin ich so unselbständig". „Warum hat er mir nie etwas über unsere Finanzen erzählt".

Die Folge solcher Gedanken ist, daß wir wütend auf ihn sind oder ihn sogar hassen. Diese Wut ist sehr verständlich. Wir werden durch seinen Tod an unsere wunden Punkte erinnert. Wir merken, wo wir ihm die Verantwortung für unser Leben abgetreten hatten.

Wir werden daran erinnert, was wir für ihn getan haben, in der Hoffnung, irgendwann einmal den Dank von ihm zu erhalten. Wir werden daran erinnert, wieviele Erwartungen jetzt unerfüllt bleiben. „Ich habe doch so viel für ihn getan, meine Ausbildung aufgegeben, ihm zuliebe ein eigenes Haus gebaut, bin von meinem Heimatort weggezogen, und jetzt. Er darf doch nicht einfach gehen, wo ich doch so viel aufgegeben habe." Mit solchen Gedanken und bei der Erstellung dieser Bilanz muß Wut oder Haß entstehen. Wir haben investiert in eine Beziehung in der Hoffnung, irgendwann dafür vollen Ausgleich zu erhalten. Da es in unserer Gesellschaft jedoch nicht erlaubt ist, einen anderen Menschen, und schon gar nicht einen verstorbenen Menschen zu hassen, verurteilen wir uns dann auch noch dafür, daß wir ihm zürnen. Erinnern wir uns an dieser Stelle nochmals an die außereuropäischen Völker. Dort werden Wut und Aggression als ein Bestandteil der Trauer angesehen. Die Trauernden reißen sich die Haare vom Kopf, die Kleider vom Leibe und beschmieren sich mit Schmutz oder zerstören Gegenstände des Toten. Wir können von ihnen lernen, daß Wut menschlich ist und daß wir zumindest in unserem stillen Kämmerlein zu unserer Wut stehen sollten.

Wie Sie Ihren Zorn auf den Partner überwinden können

• Akzeptieren Sie zunächst einmal, daß Sie Zorn und Haß verspüren. Wut und Haß sind eine Form von Protest dagegen, daß Ihnen etwas genommen wurde. Sagen Sie sich: „Ich bin wütend auf meinen Partner und bin bereit, meine Wut zu akzeptieren".

Ihre Vorstellungen wurden nicht erfüllt und können von Ihrem verstorbenen Partner nie mehr erfüllt werden. Da müssen Sie zumindest enttäuscht, meist aber wütend oder gar haßerfüllt sein. Wenn Sie auf Ihren verstorbenen Partner wütend sind, sagt das nichts darüber aus, ob Sie Ihren Partner geliebt haben oder nicht.

• Schreiben Sie in Ihr Tagebuch, wo Sie sich von Ihrem verstorbenen

Partner gekränkt, verletzt und ungerecht behandelt gefühlt haben in der Vergangenheit oder noch fühlen. In welchen Situationen haben Sie sich allein gelassen gefühlt, wo verspüren Sie eine tiefe Enttäuschung? Beginnen Sie Ihre Vorwürfe mit: „Ich bin wütend, daß du ... Ich bin enttäuscht, daß du ... Ich war verletzt, als du ...".

Achten Sie beim Niederschreiben auf die aufkommenden Gefühle. Sie werden Wut, Gekränktsein und innere Spannung verspüren. Es ist in Ordnung, diese Gefühle zu haben und auszudrücken. Sie schaden niemandem damit, und für Sie ist die Entlastung notwendig. Erst wenn die tiefen Vorwürfe ausgedrückt sind und Sie Frieden mit dem verstorbenen Partner geschlossen haben, können Sie sich für neue Menschen öffnen.

• Korrigieren Sie Ihren Gedankengang: „Wie kann der Partner mich nur verlassen. Das darf er mir doch nicht antun", durch den Gedanken: „Über den Tod können wir nicht bestimmen. Er steht am Ende eines jeden Lebens und gehört zum Kreislauf des Lebens. Er ist notwendiger, unausweichlicher und natürlicher Teil des Lebens. Mein Partner hat mich nicht verlassen, weil er mir wehtun wollte, sondern weil seine innere Lebensuhr abgelaufen ist. Ich bin bereit zu akzeptieren, daß er gestorben ist und unsere gemeinsame Zeit zu Ende ist. Ich habe die Chance und die Fähigkeit, meinem Leben neue Ziele zu geben. Das braucht Zeit, aber ich kann es bewältigen".

• Suchen Sie sich Wege, wie Sie Ihre Wut auf für Sie und andere Menschen ungefährliche Art und Weise ausdrücken können. Wenn Wut und Haß einmal in Ihrem Körper entstanden sind, müssen Sie etwas dafür tun, sie wieder loszuwerden. Sie können zuhause in Ihrer Wohnung auf ein Kissen einschlagen, an einen See fahren und Steine hineinwerfen, Tannenzapfen an Bäume im Wald werfen, auf das Bett einhämmern, sich laut schimpfend in Ihrer Wohnung bewegen, den Garten umgraben, etc. Setzen Sie sich über Ihr Gefühl hinweg, "jetzt schließlich und endlich ganz und gar auszurasten". Sie werden nicht ausrasten und nicht verrückt werden. Im Gegenteil, diese Aktionen helfen Ihnen, nicht die unbeteiligte Verkäuferin oder den Briefträger anzuschnauzen. Jeder unfreiwillige Verlust erzeugt Spannung in uns, und wir müssen etwas dafür tun, sie abzubauen. Sie können Ihre Wut auch dadurch abbauen, daß Sie sportlich etwas tun, radfahren, Tennis spielen oder aber die Wohnung gründlich putzen.

Je mehr Sie Ihre Gefühle zulassen, um so mehr werden Sie entlastet. Jeder Gedanke daran, daß Ihnen Ihr Liebstes weggenommen wurde, erzeugt Wut und die Bereitschaft, dafür zu kämpfen. Da es jedoch keinen Kampf gibt, der ihn zurückholen könnte, müssen Sie die Wut möglichst auf sinnvolle und für Sie hilfreiche Weise abbauen.

- Setzen Sie sich vor das Bild Ihres Partners oder stellen Sie sich vor, daß er vor Ihnen auf einem Sessel sitzt und machen Sie Ihrer Wut Luft. Sie werden Ihren Partner damit nicht verraten, und Wut ist auch kein Zeichen dafür, daß Sie ihn nicht lieben. Wut ist auch ein Zeichen von Liebe, das Gegenteil von Liebe ist Gleichgültigkeit.

Neid und Mißgunst anderen gegenüber

„Warum dürfen andere zusammen alt werden,
zusammen lachen und sich in den Armen liegen?
Das ist unfair.
Wo bleibe ich?"

In Ihren Verlassenheits- und Einsamkeitsgefühlen verspüren Sie manchmal Neid und Bitterkeit gegenüber denen, die noch all das besitzen, was Sie verloren haben. Sie denken sich: „Warum darf der alte, kranke Mann noch leben, wo mein so wertvoller Partner sterben mußte?". „Warum läuft der Verbrecher noch umher, der seine Frau schlägt, und ich muß hier alleine bleiben?". „Warum darf mein Nachbar, der keine Kinder hat, weiterleben, während meine Kinder ohne Vater aufwachsen müssen?".

Aus dieser Bitterkeit heraus hassen Sie jeden, der freundlich zu Ihnen ist und so tut, als ob alles beim alten geblieben sei. Möglicherweise verspüren Sie auch Mißgunst allen anderen Menschen gegenüber, die noch leben dürfen, während Ihrem Partner diese Chance genommen wurde. Wenn jemand im Bekanntenkreis seinen Partner verliert, denken Sie vielleicht: „Warum soll es ihnen anders gehen als mir". Wenn andere Menschen in höherem Alter sterben, denken Sie sich vielleicht: „Wurde auch Zeit. Immerhin hat er ja ein paar Jahre länger leben dürfen".

All das ist menschlich. Sie gönnen den anderen ihr Glück, wollen es aber auch selbst wieder erleben. Es ist leicht, anderen etwas zu gönnen, wenn man es selbst hat. Es ist auch leicht, anderen etwas zu gönnen, was man nicht hat, aber glaubt, wiedergewinnen zu können. Sie befinden sich im Augenblick jedoch in einer Situation, in der Sie glauben, Ihr Glück für immer verloren zu haben und niemals mehr erleben zu können - auch nicht durch einen anderen Menschen oder eine andere Aufgabe. So wie Sie Ihre Situation erleben, müssen Neid und Mißgunst auftreten. Sie können sie in dem Maße abbauen, wie Sie für sich wieder eine Perspektive finden und erleben, daß Sie sich Zufriedenheit verschaffen können. Im Augenblick möchte ich Sie nur darum bitten, Ihren Neid und die Mißgunst zu akzeptieren. Es sind menschliche Gefühle, für die Sie sich nicht verurteilen und verachten sollten.

Einsamkeit

„Nachts allein im Bett,
kein liebes Wort unter Tage.
Hilflos und ungeschützt.
Nicht mehr aufwachen müssen,
das wäre schön."

Wenn Sie mit Ihrem Partner sehr viel Zeit verbracht haben, werden Sie sich grenzenlos einsam fühlen, wenn erst einmal die Bekannten oder Verwandten nach der Beerdigung in ihr eigenes Zuhause zurückgekehrt sind. Sie können Ihrem Partner nicht mehr mitteilen, wie schön etwas ist, sich nicht mit ihm über die guten Noten der Kinder freuen. Sie können sich mit ihm nicht mehr über die Zahnpastatube streiten, die er immer von der Mitte aus ausgedrückt hat. Ja, Sie vermissen jetzt sogar die Dinge, über die Sie sich früher immer maßlos geärgert haben. Wieviel großzügiger würden Sie jetzt mit seinen Schwächen umgehen, wenn er nur wieder da wäre. Auch wenn Sie gar nicht so viel mit ihm gesprochen und sich ausgetauscht haben, fehlt Ihnen jetzt die Möglichkeit des Austausches. Sie müssen, sofern Sie jetzt alleine leben, für jedes Wort, das Sie sprechen möchten, all Ihre Kraft zusammennehmen und jemanden anrufen oder besuchen. Es gibt keine Spontanität mehr, sondern nur noch Planung von Kontakten.

Niemand sagt Ihnen im Augenblick: „Das hast du gut gemacht". Wenn Sie es sich selbst sagen, hat es Ihrem Eindruck nach nicht die gleiche Wirkung. Sie fühlen sich nicht angenommen und wissen nicht, wohin Sie gehören. Sie fühlen sich, als ob Sie aus dem Nest geworfen wurden und heimatlos in der Kälte sitzen. Niemand tröstet Sie, wenn es Schwierigkeiten mit der Waschmaschine und den Kindern gibt. Sie sind allein mit Ihren Entscheidungen und der Verantwortung. Niemand schimpft mit Ihnen, wenn Sie einen Strafzettel bekommen haben. Und es gibt niemanden, zu dem Sie sagen können: „Weißt du noch ...?". Sie können die Erinnerungen an die Vergangenheit nicht mehr mit ihm teilen.

Es gibt im Augenblick niemanden, mit dem Sie über eine gemeinsame Zukunft sprechen können. Sie sind im Konflikt: Sie haben große Sehnsucht nach Nähe und Zuwendung und sind gleichzeitig gereizt, wenn Sie mit anderen zusammen sind. Ja, manchmal flüchten Sie aus dem Zusammensein mit anderen in die stille Wohnung. Sie möchten nicht immer gefragt werden „Wie geht es dir?" und dabei den Blick verspüren: „Hoffentlich sagt sie nicht, daß es ihr schlecht geht". Sie vergleichen jeden Kontakt mit der Nähe zu Ihrem verstorbenen Partner, die für immer verloren ist. Sie fühlen sich als fünftes Rad am Wagen, wenn Sie bei einem verheirateten Paar zu Gast sind. Andere bieten Ihnen vielleicht an: „Ruf an, wenn du etwas brauchst", und dennoch getrauen Sie sich nicht, die angebotene Hilfe anzunehmen, wenn Sie sie am dringendsten bräuchten. In Ihrer Not lassen Sie den Fernseher bis zum Testbild an, um nur eine menschliche Stimme zu hören.

Einsamkeitsgefühle entstehen dann, wenn wir uns immer wieder vorstellen, wie schön jetzt die Nähe des Partners wäre, wenn wir uns von einem vertrauten Menschen abgeschnitten fühlen, wenn wir denken, nie mehr geliebt werden zu können. Sie sind die natürliche Folge des Verlusts eines für uns wichtigen Menschen. Wir können Einsamkeitsgefühlen nicht entgehen, wenn wir uns an einen Menschen gefühlsmäßig gebunden haben und ihn verlieren. Wir brauchen dann Zeit und Anstrengung, um uns eine neue Geborgenheit und Nähe zu anderen Menschen zu verschaffen. Wir brauchen Zeit, um zu lernen, uns selbst genug zu sein.

Wenn Sie Ihre Einsamkeitsgefühle überwinden wollen, werden Sie zwei unterschiedliche Phasen durchlaufen. In der ersten Phase ist es sehr hilfreich, sich Kontakte zu anderen Menschen einzuplanen und sich auch zuhause Aktivitäten vorzunehmen. Wenn Sie sich hinsetzen und grübeln, werden Sie Einsamkeit und Selbstmitleid in dieser Phase überfallen. Später, nach einigen Monaten ist es ein Ziel, zu lernen, mit sich selbst klar zu kommen und eine innere Zufriedenheit im Alleinsein zu entwickeln.

Wie ich in meinem Buch <Einsamkeit überwinden> ausführlich beschreibe, kommen Einsamkeitsgefühle nämlich nicht automatisch dadurch, daß man alleine lebt. Sie kommen, indem man glaubt, andere zum Glücklichsein zu benötigen.

Was tun, wenn Sie sich einsam fühlen?

• Überlegen Sie, ob Sie im Freundeskreis einen Menschen haben, den Sie anrufen können. Fragen Sie ihn, bevor es Ihnen ganz schlecht geht, ob Sie ihn in einer Krisensituation auch in der Nacht anrufen dürfen. Sollte diese Person gerade keine Zeit haben, so hat das nichts mit Ablehnung von Ihnen zu tun. Sie hat vielleicht gerade eine andere wichtige Verabredung oder ist selber überfordert.

• Suchen Sie sich die Nummer der Telefonseelsorge heraus und legen Sie sie neben das Telefon. Sie können dort Tag und Nacht anrufen, wenn Sie Unterstützung benötigen oder nur mal eine menschliche Stimme hören möchten.

• Nehmen Sie Kontakt zu einer Trauerbewältigungsgruppe auf. Schauen Sie in Ihrem Telefonbuch nach oder fragen Sie bei der Telefonseelsorge, ob es an Ihrem Wohnort eine solche Gruppe gibt. In ihr werden Sie verstanden und können sich austauschen. Häufig treffen sich einzelne Mitglieder auch außerhalb der Treffen, und manchmal gibt es auch einen Telefondienst, den man bei "Krisenstimmung" anrufen kann. Im Anhang habe ich die mir bekannten Adressen aufgeführt. Wenn Sie genügend Kraft verspüren, können Sie sogar eine solche Gruppe ins Leben rufen. Rufen Sie hierzu bei einer der bestehenden Gruppen an und lassen Sie sich Informationen geben.

• Vielen Menschen hilft auch ein Tier, die Einsamkeit zu überwinden. Tiere können zwar keinen Menschen ersetzen, und schon gar nicht Ihren Partner, aber sie sind meist dankbare Abnehmer Ihrer Streicheleinheiten und zeigen Ihnen, daß sie Sie mögen. Vielleicht können Sie auch den Hund vom Nachbarn ausführen und sich somit ein Stück Unterhaltung und Nähe verschaffen.

• Eines Tages werden Sie sich darauf freuen, alleine in Ihrer Wohnung zu sein und ganz allein entscheiden zu können, was Sie tun und lassen möchten. Dafür benötigen Sie jedoch Zeit. Zunächst einmal wird Ihnen jedoch bei tausenden von Gelegenheiten einfallen, daß Sie alleine sind und nicht allein sein wollen. Sie können im Augenblick auch hier zunächst wieder nur das Gefühl der Einsamkeit akzeptieren und es zulassen.

Selbstzweifel

„Ich fühle mich wie ein Nichts,
für niemand wichtig.
Keinen Lebenssinn,
unfähig, weiterzuleben.
Angst,
um mich herum nur Mitleid."

Die meisten von uns fühlen sich, wenn sie ihren Partner verlieren, als Mensch zweiter Klasse. Wir fühlen uns nur noch halbwertig, als halber Mensch. Gedanken wie „Ich falle anderen zur Last", „Ich störe dessen Familienharmonie", „Ich bin nur fünftes Rad am Wagen", „Die laden mich nur aus Mitleid oder Pflichtgefühl ein", „Ich bin zu nichts mehr nütze", „Ich bin unfähig, kann alleine nicht überleben", kommen auf. Auch der Eindruck „Ich muß dankbar sein, wenn ich eingeladen oder mitgenommen werde", kommt. Vielleicht vermissen wir auch das Gefühl, vom Partner körperlich begehrt zu werden.

Besonders Frauen haben nach dem Verlust des Partners Probleme mit ihrem Selbstwertgefühl. Sie haben die Partnerschaft mit der Einstellung begonnen: „Ich brauche den Partner, um glücklich zu sein, und nur dieser Partner kann es mir geben", „Nur wenn man einen Partner hat, gilt man etwas". Für sie hat die Partnerschaft in ihrem Leben eine wichtigere Rolle als für den Mann. Zum Teil haben sie ihre Berufstätigkeit aufgegeben oder nie eine begonnen, und haben sich als diejenige, die gibt und sorgt, definiert. Sie waren glücklich, wenn sie ihrem Partner gefallen haben und er zufrieden war. Wird die Rolle der sorgenden Frau nicht mehr gebraucht, bleibt wenig übrig, um sich sinnvoll und wichtig zu sehen.

Wenn der Partner zudem einen großen Teil der Verantwortlichkeiten nach außen hin übernommen hat, den Umgang mit den Behörden, mit dem Vermieter, der Bank, den Handwerkern, dann fühlen sie sich hilflos, weil sie weniger Erfahrung und Wissen haben.

Plötzlich haben sie den Titel "Witwe", was die Gesellschaft und sie selbst als Makel ansehen und als eine Rolle, in der man Mitleid empfängt und eine Außenseiterrolle spielt.

Ich erinnere mich noch, daß meine Mutter sehr häufig zu uns Kindern sagte: „Ihr müßt besonders brav sein, da ihr keinen Vater mehr habt". Sie hat sich nach dem Tode des Vaters in einer Rolle gesehen, in der man keine Achtung mehr verdient, dankbar sein muß, eingeladen zu werden. Häufig fällt Menschen bei dem Wort Witwe ein: alte Frau, schwarz gekleidet, die auf der Bank sitzt - so als ob Witwenschaft bedeutet: dahinvegetieren und auf den Tod warten. Das andere Extrem an Bildern ist dann die lustige Witwe, vor der kein Mann sicher ist.

Wenn ein Mann seine Partnerin verliert, behält er meist seine berufliche Position bei. Er hat also ein Revier, in dem sich für ihn keine großen Veränderungen ergeben und in dem er Selbstbestätigung findet. Für ihn wird die Haushaltsführung, das Gestalten der Atmosphäre in der Wohnung, etc. der Bereich, in dem er umlernen muß. Meist bekommt er hierzu Unterstützung von der Nachbarschaft. Es gibt in der Gesellschaft auch kein so stark negatives Bild von einem Witwer. Selbst wenn er kurze Zeit nach dem Tod seiner Frau schon mit einer Frau gesehen wird, ist die Gesellschaft nachsichtig: „Er braucht halt jemanden, der ihn versorgt".

Der Verlust Ihres Partners, mit dem Sie sich bisher die täglichen Verpflichtungen geteilt haben und ein eingespieltes Team waren, führt dazu, daß Sie bemerken, was bisher nicht Ihr Teil war. Sie haben Ihrem Partner, weil nur er bestimmte Fähigkeiten besaß oder es besser konnte, bestimmte Aufgaben überlassen. Nun stehen Sie da und sind hilflos und unwissend. Und noch tragischer, Sie haben gerade auch den Menschen verloren, der Ihnen hätte Mut zusprechen können, Neues auszuprobieren. Sie erleben, daß Sie in vielen Dingen unwissend sind, und glauben nicht, sich dieses Wissen jemals aneignen zu können. Niemand hat Sie vorgewarnt, daß es gut wäre, sich möglichst, ohne in großer Not zu sein, damit vertraut zu machen, wie man mit Banken verhandelt, die Dichtung des Wasserhahns erneuert, von Handwerkern einen Kostenvoranschlag einholt, etc. Nun stehen Sie da, ohnehin verzweifelt und sollen sich auch noch neue Fähigkeiten zutrauen. Niemand hat Ihnen gesagt, was Sie tun können, wenn der Mensch, den Sie lieben, plötzlich stirbt. Die Sicherheit, die Sie durch die Liebe Ihres Partners verspürt haben, ist weg.

Es bleibt Ihnen nichts anderes übrig, als zu akzeptieren, daß Sie viele Talente bisher nicht entwickelt haben. Es bleibt Ihnen nichts anderes übrig, als sich an die Arbeit zu machen, schrittweise die Aufgabenbereiche des Partners zu übernehmen. Sie können neue Fähigkeiten entwickeln und weiterentwickeln. Sie sind lernfähig, auch wenn es im Augenblick langsamer geht. Durch den Verlust werden Sie gezwungen, sich auf Ihre eigenen Kräfte zu besinnen. Sie müssen die Rolle eines alleinstehenden Menschen entwickeln, der fähig ist, für sich selbst zu sorgen. Mit jeder kleinen Aufgabe, die Sie übernehmen, werden Sie ein klein wenig mehr Vertrauen in Ihre eigenen Fähigkeiten gewinnen. Erwarten Sie dabei keine perfekte Leistung, sondern loben Sie sich, es überhaupt gewagt zu haben. Was zählt, ist, daß Sie etwas tun, nicht *wie* gut Sie es tun.

Was Sie gegen Ihre Selbstunsicherheit tun können

• Nehmen Sie Ihr Tagebuch zur Hand und stellen Sie eine Liste mit 10 positiven Eigenschaften, Verhaltensweisen und Fähigkeiten von sich zusammen, die Sie täglich durchlesen. Stellen Sie sich die Fragen: „Wer bin ich? Weshalb sind Freunde mit mir zusammen? Was kann ich der Menschheit geben?". Sie haben durch den Verlust des Partners nicht Ihre Qualitäten, Fähigkeiten und Eigenschaften verloren. Im Gegenteil: Sie haben die große Chance, noch weitere dazu zu entdecken und zu entwickeln. Nicht kneifen oder mogeln. Mit Sicherheit haben Sie mindestens 10 positive Eigenheiten, die Sie notieren können.

• Sagen Sie sich täglich: „Ich bin liebenswert und wichtig. Ich habe die Fähigkeit, mein weiteres Leben zu gestalten. Mit jedem Tag werde ich ein klein wenig mehr in meine neue Rolle schlüpfen. Irgendwann werde ich mich in ihr wohlfühlen".

• Schauen Sie einmal nach, in welchen Bereichen Sie schon vor dem Verlust des Partners selbständig gehandelt haben. Notieren Sie sich diese Fähigkeiten in Ihrem Tagebuch.

Sie sind wichtig und liebenswert. Besonders jetzt, da Sie so viele neue Aufgaben zu bewältigen haben, verdienen Sie Lob.

Unentschlossenheit bei Entscheidungen

Im Verlauf der Trauerphase nimmt die Angst vor Entscheidungen meist zu. Wir schwanken zwischen dem, wie der Partner entschieden hätte, und dem, was wir selber möchten, hin und her. Wir müssen auch hier eine ganz neue Rolle lernen, wo wir jahrelang mehr oder weniger im Zweierteam Entscheidungen getroffen haben. Selbst die kleinste Entscheidung, was wir anziehen oder einkaufen, kann uns schon in Schwierigkeiten bringen. Haben wir uns vorher als relativ sicher und selbstbewußt erlebt, glauben wir nun, wenn wir uns so unsicher erleben: „Jetzt werde ich gleich ganz verrückt. Ich bin doch nicht mehr normal". Die Folge ist häufig endloses Befragen von Familienangehörigen und Freunden und dann dennoch mit Unsicherheit eine Entscheidung zu treffen. Die vorherrschende Frage in uns ist: „Ich weiß nicht, ob ...?".

Wenn Sie auch diese Unsicherheit bei Entscheidungen spüren, machen Sie folgendes: Überlegen Sie lediglich, ob jemand durch Ihre Entscheidung in Lebensgefahr gerät, und ob Sie das, was da als vermeintliche Katastrophe auf Sie zukommen könnte, ertragen könnten. Wenn niemand ernsthaft gefährdet wird und Sie die vermeintliche Katastrophe auch ertragen können, handeln Sie. Es gibt im Augenblick keine "richtigen" Entscheidungen, bei denen Ihnen Ihr Gefühl sagt „Das ist richtig und gut". Indem Sie handeln, wird Ihr Gefühl mit der Zeit sicherer werden.

Angst

„Panik,
nachts, wenn ich an den nächsten Tag denke,
Panik, vor die Tür zu gehen,
Panik, eine Einladung anzunehmen,
Panik, eine Entscheidung zu treffen."

Mit dem Verlust unseres Partners kommt vielleicht auch eine finanzielle Umorientierung auf uns zu. Wir wissen nicht, wie wir die alltäglichen Grundbedürfnisse in der Zukunft befriedigen können. Es kommen Ängste vor der Zukunft, vor dem Alleinsein, vor der Verantwortung, vor großer alltäglicher Belastung, vor der Veränderung der alltäglichen Gewohnheiten auf uns zu. Auch die Angst vor dem eigenen Tod kann aufkommen. Insbesondere in der Nacht zeigen sich Angstattacken. Der Körper reagiert mit Zittern, Herzrasen, Erstickungsgefühlen, Schwindel, Übelkeit, Durchfall, Magenschmerzen, feuchten Händen, innerer Unruhe, Schluckbeschwerden, Schweißausbrüchen oder Schüttelfrost. Wir haben das Gefühl, jetzt völlig die Kontrolle über uns zu verlieren. Manchmal ereilen uns die Angstattacken auch in der Schlange im Supermarkt, beim Stau vor der Ampel, in der Straßenbahn.

Ursache für die Angstattacken sind Gedanken wie „Es wäre schrecklich, wenn ...". Wir malen uns aus, daß wir unfähig sind, bestimmte Situationen zu bewältigen. Wir machen uns Katastrophenphantasien, was uns alles Schlimmes passieren wird. Immer dann, wenn wir uns vorstellen, in Gefahr zu kommen, muß unser Körper mit Angst und Anspannung reagieren. Besonders in der Nacht, wo wir wenig Ablenkung haben, kreisen diese Katastrophenphantasien wie Geier in unserem Kopf. Wenn wir dann bemerken, daß unser Körper mit Herzrasen oder Erstickungsgefühlen reagiert, bekommen wir zusätzlich Angst vor unseren Körperreaktionen.

Angst taucht immer dann auf, wenn wir glauben, etwas Gefährliches komme auf uns zu, das wir nicht bewältigen können. Beim Verlust des Partners haben wir genügend Situationen, wo wir diesen Eindruck gewinnen können. Es gibt tausende von Dingen, die wir noch nie gemacht haben oder noch nie ganz alleine durchgestanden haben. Es gibt vieles, was wir noch nicht überschauen und uns nicht vorstellen können. Die Gedanken „Wie sollst du jemals hinkriegen, daß ... Das schaffst du nie.", führen zu Ängsten. Ängste sind nach einem Verlust normal und menschlich.

Wir sind unseren Ängsten jedoch nicht hilflos ausgeliefert. Solange für uns keine Lebensgefahr besteht, ist die Angst ein falsch programmiertes Signal unseres Körpers. Wir sollten in diesen Fällen nicht auf unsere Angst hören, sondern dennoch in die Situation gehen. Das Geheimnis bei der Angst ist, daß sie verschwindet, wenn wir *mit* der Angst in die Situation gehen, vor der wir uns fürchten. Wenn wir darauf warten, daß die Angst verschwindet, bevor wir etwas anpacken, warten wir vergebens. Im Gegenteil, die Angst wird uns dann in immer mehr Situationen heimsuchen und wir werden immer handlungsunfähiger.

Solange wir nicht in Lebensgefahr geraten,
ist Angst ein Signal für uns, in die Situation zu gehen.
Dann wird die Angst verschwinden.

So können Sie Ihre Angst beeinflussen

• Akzeptieren Sie Ihre Angst, Ihre Körperreaktionen und die innere Anspannung. Sie müssen im Augenblick Angst empfinden, weil Sie sich für hunderte von Situationen vorstellen, diese nicht bewältigen zu können. Sagen Sie sich: „Ich verspüre Angst, das ist verständlich. Mein Körper muß mit diesen Symptomen reagieren. Wenn mein Körper so reagiert, heißt das nur, daß ich mir einrede, etwas nicht bewältigen zu können. Andere Menschen können die Situationen auch bewältigen. Es gibt keinen Grund, warum ich es nicht auch könnte. Wenn ich es nicht riskiere, weiß ich es nicht". Ihre Angst ist kein Beweis dafür, daß Sie die Situationen tatsächlich nicht bewältigen können.

• Nehmen Sie Ihr Tagebuch zur Hand und notieren Sie sich alle Situationen, vor denen Sie heute Angst haben. Fragen Sie sich: „Was könnte mir schlimmstenfalls passieren? Wie wahrscheinlich ist es, daß das Schlimmste passieren wird? Wenn es wirklich passiert, wie kann ich dann weiterleben?". Wir machen häufig den Fehler, daß wir uns eine Katastrophe ausdenken (die meist nicht eintrifft) und dann unsere Gedanken abbrechen. Würden wir weiterdenken, würden wir bemerken, daß wir auch dann noch Möglichkeiten haben, die Situation zu bewältigen. Wenn Sie überleben können und niemand anderen gefährden, ist Ihre Angst nicht angemessen. Gehen Sie dann mit der Angst in die betreffende Situation. Mit der Zeit wird sich die Angst dann auflösen.

• Setzen Sie die Entspannungsverfahren, Spontanentspannung oder Bauchatmung, die wir bei den Schlafstörungen besprochen haben, ein. Sie helfen Ihnen, Ihre Spannung abzubauen und den Körper mehr ins Gleichgewicht zu bringen.

• Setzen Sie Vorstellungsübungen, die ich weiter unten erkläre, ein. Vorstellungsübungen sind Phantasien, in denen man sich etwas ausmalt. Jeder Mensch kennt Vorstellungsübungen. Wir können dabei verschiedene Formen unterscheiden: negative, positive und Bewältigungsvorstellungen. Bei den negativen Vorstellungsübungen malen wir uns Katastrophen aus. Beispielsweise malen wir uns aus, wie wir an Weihnachten völlig verzweifelt allein unter dem Christbaum sitzen würden. Bei den positiven Vorstellungsübungen malen wir uns aus, wie uns das gelingt, was wir uns für diese Situation vorgenommen haben. Beispielsweise können wir uns ausmalen, wie es uns gelingt, alleine mit dem Auto in die nächste Großstadt zu fahren, ohne uns zu verfahren. Bei der Bewältigungsvorstellung steht im Vordergrund, daß wir uns die vermeintliche Katastrophe vorstellen und wie wir diese bewältigen können. Wir könnten uns ausmalen, wie wir nach langem Ringen eine Freundin anrufen und sie sagt, daß sie jetzt keine Zeit für uns hätte. Wir könnten uns weiter vorstellen, wie wir enttäuscht wären, uns jedoch sagen würden: „Das ist in Ordnung. Sie hat ein Recht, ihren Tag nach ihren Vorstellungen zu gestalten. Das hat nichts mit mir zu tun. Ich werde jetzt noch meinen anderen Bekannten anrufen". Vorstellungen sind gewaltige Kräfte. Sie verspüren sie täglich, wenn Sie sich ausmalen, wie schön es jetzt mit Ihrem Partner wäre. Da er jedoch nie mehr kommen wird, machen Sie sich Sehnsucht und erleben eine schwere Enttäuschung, wenn Sie in die Realität zurückkehren. Wir können Phantasien einsetzen, um uns unglücklich oder glücklich zu machen. Wir haben Macht über unsere Phantasien.

Die Vorstellungsübung

Wählen Sie sich eine konkrete Situation, vor der Sie Angst haben. Machen Sie zunächst eine der beiden Entspannungsübungen, um aufnahmebereiter zu sein.

Dann stellen Sie sich vor, wie Sie in diese Situation gehen und sich sagen: „Ich verspüre Angst, weil diese Situation neu und ungewohnt ist für mich. Ich weiß nicht, was mich erwartet. Ich tue mein Bestes, was mir im Augenblick möglich ist. Ich kann die Situation überleben. Ich kann die Atemübung machen, wenn die Spannung zu groß wird. Ich lasse alles auf mich zukommen. Mein Ziel ist es, in die Situation zu gehen. Mit jedem Mal werde ich mich sicherer fühlen".

Malen Sie sich möglichst konkret aus, wie Sie *mit* Ihrer Angst in die Situation gehen und sie meistern.

• Setzen Sie keine Beruhigungsmittel, Alkohol oder Drogen ein, um in die Situation zu gehen. Sie werden sich hierdurch nur ein neues Problem, eine Abhängigkeit schaffen.

• Fragen Sie sich, was Sie verlieren würden, wenn Sie Ihrer Angst folgen und Situationen, vor denen Sie Angst haben, meiden. Was würden

Sie gewinnen, wenn Sie mit Angst und trotz möglicher Gefahr in die Situation gehen? Was zählt für Sie mehr?

• Seien Sie geduldig mit sich. Nach dem Verlust des Partners gibt es hunderte von Aufgaben, die neu auf Sie zukommen, und von denen Sie glauben, sie nicht bewältigen zu können. Gehen Sie eine Aufgabe nach der anderen an, die wichtigste zuerst. Sie werden eine nach der anderen bewältigen.

• Entscheiden Sie, nur für *heute* mit Angst in Situationen zu gehen, vor denen Sie Angst haben. Was zählt ist das Heute. Morgen können Sie neu entscheiden und schon auf einen Tag mehr an positiver Erfahrung, Situationen bewältigen zu können, zurückschauen.

• Bitte sparen Sie nicht mit Lob. Loben Sie sich für jede kleinste Tätigkeit, die Sie trotz Angst in Angriff genommen haben. Sie haben die Herausforderung angenommen, sich weiterzuentwickeln und ein Risiko einzugehen. Es hilft nicht, zu schauen, ob andere schon weiter sind als Sie. Sie allein wissen, wieviel Kraft und Überwindung es Sie kostet, trotz der Angst, die Situation nicht bewältigen zu können, in die Situation zu gehen.

Jeder Tag des Überlebens ist ein Sieg.

Das Auftreten von Träumen

Der Verlust eines lieben Menschen spiegelt sich häufig auch in wiederkehrenden Träumen. In den Träumen sehen wir unseren Partner klar vor uns, sind aber immer auf irgendeine Weise von ihm getrennt. Wir wachen oft schweißgebadet auf, einerseits glücklich, unseren Partner so nahe bei uns gehabt zu haben, andererseits wütend und traurig, ihn nicht mitnehmen zu können ins wirkliche Leben.

Träume zeigen uns, wo wir im Trauerprozeß stehen. Träume verändern sich als letztes während des Trauerprozesses. Selbst wenn wir uns im Alltag schon wieder einigermaßen im Gleichgewicht fühlen, können sich in unseren Träumen noch dramatische Szenen abspielen. Zu Beginn der Trauerphase ist das Thema der Träume häufig: auf der Suche nach etwas zu sein und es nicht finden können. Die Träume stimmen mit der ersten Phase des Nicht-Wahrhaben-Wollens überein: sich noch nicht eingestehen können, daß der Partner gestorben ist. Dann wandeln sich die Träume häufig um in das Thema: Das Gesuchte finden, aber nicht behalten können, das Gesuchte sehen, aber es nicht bekommen können. Wir sehen unseren Partner, können ihn aber nicht halten. Die danach folgenden Träume haben das Thema Loslassen zum Inhalt. Wir finden den Partner und lassen ihn ziehen. Wir empfangen die Botschaft: Du schaffst es alleine.

Neben den Träumen haben wir auch häufig den Eindruck, der Partner stehe neben uns, spreche mit uns und gebe uns Ratschläge. Meist hängt dies damit zusammen, daß wir Verhaltensweisen und Kommentare des Partners automatisch parat haben, und sie uns in den entsprechenden Situationen ins Gedächtnis kommen. Auch vor dem Grab auf dem Friedhof oder wenn wir ein Bild von unserem verstorbenen Partner betrachten, können wir das Gefühl haben, er stehe bei uns, wir können ihn sprechen hören oder vermeinen, ihn zu spüren. Dieses Erleben hängt mit unserem intensiven Vorstellungsvermögen zusammen.

- 10 -
Die Phase der Akzeptanz und Neuorientierung

Langsam leben Sie
wieder bewußt in der Welt.
Sie hören andere Menschen,
hören das Lachen der Kinder.
Sie verspüren die warmen
Sonnenstrahlen.
Sie summen eine Melodie mit
und genießen die ersten frischen
Erdbeeren im Juni.

Jetzt ist der Zeitpunkt zu ganz besonderer Gratulation. Sie dürfen sich gratulieren, mit mir bis hierher auf den Berg hinaufgestiegen zu sein. Wir haben manchen Umweg machen müssen. Manchmal hatte es den Anschein, als ob wir wieder bis hinunter ins Tal steigen müßten. Sie haben sich wieder so elend wie ganz am Anfang gefühlt. Der Schmerz schien Sie wieder einzuholen. Doch Sie können jetzt schon ein ganzes Stück weit hinunterblicken ins Tal. Schmerz, Wut und Angst werden Sie nicht mehr ununterbrochen begleiten. Sie sind dabei, Ihren Blick eher nach oben zu lenken, als ununterbrochen ins Tal hinunterzuschauen.

In dieser Phase öffnet sich Ihnen die Welt wieder ein ganz kleines bißchen. Sie haben Ihre Mauer zumindest an einer Stelle durchbrochen, wenngleich Sie sich bisweilen wieder hinter die Mauer zurückziehen. Bei bestimmten Situationen gelingt es Ihnen ab und zu, nicht an Ihren Partner zu denken. In Ihrem Gehirn entwickeln sich so langsam Gedankengänge, die nicht mehr lauten: „Nie mehr kannst du mit ihm ...." sondern „Ich werde das und das ... tun". Es gibt noch Situationen, in denen Ihnen sofort einfällt, was Ihr Partner wohl dazu sagen würde - insbesondere wenn große Entscheidungen anstehen oder Sie krank sind

- aber es gibt eben auch schon andere, die Sie sich neu gestalten. Sie quälen sich nicht mehr mit der nie zu beantwortenden Frage „Warum nur?".

Ihr Körper beginnt so langsam auch zu entwarnen. Sie können wieder besser schlafen, auch schon mal einen Sonntag ohne Tränen oder starke innere Unruhe verbringen. Sie können es ertragen, Paare in Umarmung an sich vorüberziehen zu sehen, ohne in Selbstmitleid oder grenzenlosen Neid zu versinken. Sie können wieder mit sich alleine sein, ohne in Panik zu geraten. Das Lesen und Miterleben eines Buches macht wieder Spaß, während Sie früher nach einer Seite schon nicht mehr wußten, was Sie gelesen haben. Sie haben wieder Interesse an Ihren Hobbies und nehmen Anteil an anderen. Sie können die Nähe anderer Menschen besser ertragen. Sie beginnen, mit Dankbarkeit an die gemeinsame Zeit, die Sie mit Ihrem Partner erleben konnten, zu denken. Und Sie öffnen sich so langsam auch für Erinnerungen, die unangenehm sind, Situationen, in denen Sie sich mit dem Partner gestritten haben, in denen Konflikte auftraten, in denen Sie sich verletzt fühlten. Sie sehen die Erfahrungen mit dem Partner als Ganzes, auch ihre Schattenseiten.

Sie spüren wieder die Wärme eines Sonnenstrahls auf Ihrer Haut, hören das Lachen von Kindern im Park. All Ihre Sinne öffnen sich so langsam wieder für die Welt. Vielleicht ist die Fähigkeit, positive Gefühle zu verspüren, noch nicht so tief, wie sie einmal war, aber sie ist zumindest wieder da.

Nun ist zum einen die Zeit, bewußt von dem verstorbenen Partner Abschied zu nehmen. Zum anderen ist es an der Zeit, einen neuen Lebensstil auszuprobieren und zu schauen, wie Sie Ihre unerfüllten Bedürfnisse befriedigen können. Es ist an der Zeit, sich kleine Ziele zu setzen und darauf hin zu arbeiten. Es ist an der Zeit, aktiv zu werden und Ihrem Leben eine neue Orientierung zu geben. Sie brauchen wieder das Gefühl, in Ihrem Leben etwas bewirken zu können, statt Opfer zu sein. Sie werden sich ausgeglichener und energiegeladener fühlen und dadurch attraktiver auf andere wirken. Wahrscheinlich werden Sie aber auch erneut Schuldgefühle Ihrem verstorbenen Partner gegenüber empfinden, wenn Sie nach Ihren eigenen Bedürfnissen handeln, Neues ausprobieren oder selbständiger werden, als Sie es früher je waren.

„Heute ist der Tag, der zählt,
um wieder am Leben teilzunehmen.
Was möchte ich heute für mich tun?"

Loslösung

„Erinnerungen an den Partner -
Liebe,
Enttäuschungen,
niemand kann sie mir nehmen.
Ich schaue in die Zukunft,
auch wenn ich mir eine andere Zukunft gewählt hätte, -
hätte ich wählen dürfen."

Ehe Sie sich neuen Lebenszielen öffnen können, ist es wichtig, von den alten Lebenszielen und Inhalten Abschied zu nehmen. Wenn wir das nicht tun, dann leben wir in der Vergangenheit. Wir sprechen dann davon, wie der verstorbene Partner es gemacht hätte, wie schön es wäre, wenn er da wäre, wir vergleichen alle anderen Menschen mit unserem Partner. Abschied zu nehmen bedeutet nicht, jemanden zu vergessen. Abschied nehmen heißt, sich bewußt machen und fühlen, daß der andere nicht mehr Teil unseres Lebens ist.

Das Abschiednehmen beinhaltet nicht nur das Abschiednehmen von unserer Sehnsucht sondern auch von Vorwürfen und Wut auf den Partner. Solange wir innerlich noch Wut und Enttäuschung verspüren, werden wir uns nicht mehr fest binden können oder einem neuen Partner gegenüber sehr aggressiv sein. Wir werden anderen Menschen nicht vorurteilslos gegenüber treten können.

Das Abschiednehmen umfaßt auch das Aufgeben beständigen Redens und Denkens an den Partner. Sehnsucht, Zorn und ständiges gedankliches Beschäftigen mit dem verstorbenen Partner sind Anzeichen dafür, daß Sie sich noch nicht von der Vergangenheit gelöst haben. Sie sind dann nicht offen für neue Aufgaben und Kontakte. Deshalb wollen wir uns nun ganz bewußt mit dem Abschiednehmen beschäftigen.

Wie Sie sich von der Sehnsucht nach Ihrem verstorbenen Partner befreien können

• Nehmen Sie Ihr Tagebuch zur Hand. Schreiben Sie Ihrem verstorbenen Partner einen Brief, in dem Sie von ihm Abschied nehmen. Schreiben Sie ihm, wie sehr Sie ihn geliebt haben, wie sehr Sie die gemeinsamen Jahre mit ihm genossen haben, was Sie ihm noch alles sagen wollten. Bedanken Sie sich für die Dinge, die er Ihnen gegeben hat. Teilen Sie ihm mit, wie Sie Ihr Leben weiter gestalten möchten. Beginnen Sie den Brief mit: „Mein lieber ... Ich bin bereit, Abschied zu nehmen von deiner zärtlichen Umarmung, die du mir morgens immer gegeben hast, von deiner Unordnung, die du im Bad hinterlassen hast, von ... ".

Lesen Sie den Brief täglich mehrmals laut vor, bis Sie ihn ohne Schmerz und Tränen lesen können.

• Akzeptieren Sie, daß Sie in unzähligen Situationen an den verstorbenen Partner denken - wenn Sie seine Lieblingsmusik hören, an einem schönen Ort sind, einen Menschen sehen, der ihm ähnlich ist, an Plätzen, die Sie mit ihm besucht haben, wenn Sie sich etwas Neues kaufen, usw. Sie können dann entscheiden, ob Sie weiter darüber nachgrübeln, warum er nicht mehr da ist, oder sich innerlich sagen: „Schade, daß du es nicht mehr mit mir erleben kannst. Ich werde für mich das Beste daraus machen. Ich bin bereit, mich von dir zu verabschieden".

• Rufen Sie sich in Erinnerung, daß es nicht nur Sonnenseiten in der gemeinsamen Zeit gab. Wenn Sie Ihren Partner idealisieren, machen

Sie sich unfähig, jemals für einen anderen Menschen Liebe zu empfinden. Ihr Partner hatte Stärken und Schwächen, und es war wahrscheinlich ein langer Weg, bis Sie beide ein Gleichgewicht in der Partnerschaft entwickelt hatten, in dem Sie beide leben konnten. Sie werden dadurch Ihren Partner nicht schlecht machen oder verraten, sondern lediglich anerkennen, daß er ein Mensch mit Fehlern und Stärken war.

• Trennen Sie sich von seinen Kleidern, verschenken Sie sie. Jede Rotkreuzdienststelle, Kirchliche Vereinigung oder Arbeiterwohlfahrt ist dankbar dafür. Sie können sich ein paar für Sie wichtige Erinnerungsstücke aufbewahren. Sie werden vor dem Ausräumen des Schrankes wahrscheinlich viel Angst haben, vor Schmerz zusammenzubrechen. Lassen Sie die Traurigkeit zu. Es ist normal, daß Ihnen beim Anblick der Kleider viele Erinnerungen durch den Kopf gehen. Wenn Sie möchten, können Sie eine Freundin oder Verwandte um Hilfe bitten.

Sagen Sie sich wiederum: „Ich bin bereit, davon Abschied zu nehmen", und lassen Sie Ihre Tränen fließen. Sie werden die Kontrolle über sich nicht verlieren.

Das Räumen des Kleiderschrankes bedeutet für Sie wieder ein Schritt mehr, seinen Tod zu akzeptieren und Platz zu machen für einen neuen Beginn. Sie machen gleichzeitig Platz in Ihrem Schrank, in Ihrem Leben und in Ihrem Kopf.

Wenn Sie die Kleider nicht verschenken möchten, aus Angst, sie könnten Ihnen an einem anderen Menschen begegnen, dann werfen Sie sie weg.

Zum Abschluß möchte ich Ihnen noch eine Übung vorschlagen, die auf den ersten Blick sehr hart und nahezu unausführbar erscheint. Sie ist vergleichbar mit Trauerritualen bei außereuropäischen Völkern. Wenn Sie sich zu der Übung entscheiden, werden Sie zunächst sehr starken Schmerz, Sehnsucht und Trauer verspüren. Sie werden sich ganz bewußt für die Trauer entscheiden. Sie sind jedoch jetzt an einem Punkt, an dem Sie sich dieser Übung stellen können. Ziel dieser Übung ist es, daß Sie das ausleben, wovor Sie immer Angst hatten -

vor starkem Schmerz und Trauer. Sie werden dabei jedoch nicht untergehen oder umkommen. Es gibt ein Geheimnis in unserem Körper. Wenn unser Körper sehr lange in einer für ihn schwierigen, angespannten Lage gehalten wird, wird er sich daran gewöhnen, und Entspannung und innere Ruhe werden eintreten.

Das Ziel dieser Übung ist es nun, uns gezielt in eine stark streßauslösende Situation zu begeben, vor der wir starke Angst haben, um zu erleben, wie unser Körper sich langsam darauf einstellt. Wenn wir unseren Körper mit traurigen, schmerzauslösenden Erinnerungen überfluten, wird er irgendwann abschalten. Wir trauern für eine begrenzte Zeit ganz bewußt und nehmen Abschied. Wir setzen uns ganz bewußt unseren Erinnerungen aus, die Schmerz erzeugen. Wir müssen uns ihnen stellen und dürfen nicht vor ihnen davonlaufen. Sie werden bemerken, daß die Angst vor den Gefühlen viel mehr Energie erfordert als das Ausleben der Gefühle. Ziel ist es, sich für eine begrenzte Zeit in einer geschützten Situation zu einem Zeitpunkt, den Sie ganz allein bestimmen, Trauer zu erlauben. Wenn Sie Ihrer Trauer erlauben, sich so stark auszudrücken, wird sie Sie nicht plötzlich zu einem unerwünschten Zeitpunkt überfallen. Sie werden dann nicht mehr von der Katastrophenphantasie verfolgt werden, daß eines Tages bei einem ganz belanglosen Wort plötzlich Ihre Dämme brechen könnten und Sie sich selbst nicht mehr kontrollieren und von Schmerz überflutet werden könnten.

Wollen Sie sich mit der Übung vertraut machen? Dann lesen Sie bitte weiter.

Ein Ritual zum Abschiednehmen

Entscheiden Sie sich für einen Tag, an dem Sie Ihrem Partner noch einmal ganz besonders nahe sein möchten - einen Tag, an dem Sie all Ihre schönen, zärtlichen Erinnerungen noch einmal bewußt wachrufen möchten. Es kann der Hochzeitstag, sein Geburtstag, der Todes- oder ein ganz beliebiger Tag sein.

Nehmen Sie sich mindestens sechs Stunden Zeit, in denen Sie weder durch Türklingeln noch Telefon gestört werden. Trinken Sie zuvor keinen Alkohol und nehmen Sie keine Beruhigungstabletten. Sie müssen Ihre Gefühle bewußt erleben. Tragen Sie aus Ihrer Wohnung alles zusammen, was Sie ganz besonders an die schöne Zeit mit Ihrem verstorbenen Partner erinnert. Dazu gehört auch die Kiste, in die Sie gleich nach dem Tod die alltäglichen Gebrauchsgegenstände Ihres Partners gelegt haben. Wählen Sie sich ein Zimmer, das Sie abdunkeln können, in dem Sie sich ganz besonders wohlfühlen. Ziehen Sie das an, was Ihr Partner besonders gerne an Ihnen mochte. Legen Sie das Parfum auf, das er immer an Ihnen liebte. Legen Sie seine Lieblingsmusik auf. Es ist Ihr Tag der Trauer, der Tag der Trauerarbeit. Versetzen Sie sich in eine traurige und wehmütige Stimmung. Nehmen Sie dann nacheinander jedes Erinnerungsstück in die Hand und rufen Sie bewußt die Erinnerung hervor. An welche Gelegenheit erinnert es Sie, was hat der Partner Liebevolles zu Ihnen gesagt, worüber haben Sie mit ihm gesprochen, wie glücklich waren Sie, welche Pläne haben Sie gemacht, hat er Sie gestreichelt, beim Kosenamen genannt? Nehmen Sie nacheinander jeden Gegenstand, jedes Bild in die Hand und erinnern sich an alle schönen Einzelheiten, die Sie damit verknüpfen. Lassen Sie Tränen, Stöhnen und Schluchzen zu, solange bis Sie nichts mehr verspüren und sich innerlich leer fühlen. Sie können den Schmerz aushalten. Sie werden merken, daß der Schmerz mit der Zeit nachläßt. Das Schluchzen wird immer leiser werden. Sie werden eine große Gleichgültigkeit verspüren, so als ob Sie leergelaufen seien.

Zum Abschluß dieser Übung räumen Sie alles wieder weg und gönnen sich ein warmes Bad. Cremen Sie sich danach behutsam ein und trinken Sie einen warmen Tee oder Kaffee. Kuscheln Sie sich unter eine warme Decke und genießen Sie die innere Leere. Es wird Ihnen vorkommen, als ob es eine große innere Reinigung gegeben hätte und alles wieder an seinem Platz stehen würde.

Sie sind ein riesiges Stück des Weges auf dem Weg zum Gipfel, auf dem Weg der Loslösung gegangen. Wenn Sie die Übung aus Angst vor Ihren Reaktionen noch nicht gemacht haben, können Sie sich auch eine Freundin oder einen Freund als Begleiter wählen. Wichtig ist, daß der Begleiter Sie bei der Übung alleine läßt und lediglich im Nachbarzimmer wartet. Wenn er bei Ihnen im Zimmer ist, könnte er Sie von der Übung ablenken oder trösten. Im Augenblick ist es notwendig, den Schmerz zu spüren. Sie können auch einen Therapeuten aufsuchen, wenn Sie fürchten, den Schmerz nicht alleine zu ertragen.

Wenn Sie bemerken, daß Sie noch immer starke Trauer verspüren, dann wiederholen Sie die Übung nochmals an einem anderen Tag mit den Gegenständen und Erinnerungen, die Sie noch nicht bearbeitet haben. Dieses Mal werden Sie die Entspannung und Gleichgültigkeit schon schneller verspüren, ca. nach drei Stunden. Diese Übung ist eine der mächtigsten und wirksamsten Übungen, die Sie bewußt wählen können, um mit Ihrer Trauerarbeit voranzukommen. Gleichzeitig bedeutet sie für Sie, da Sie mir wahrscheinlich nicht glauben, daß der Schmerz nachläßt, ein großes Risiko. Sie befürchten, danach schlechter dazustehen als zuvor. Ich kann Ihnen deshalb nur nochmals versichern: Viele Untersuchungen haben gezeigt, daß der Schmerz im Körper bei langer Anspannung automatisch nachläßt. Sie werden sich am Ende der Übung in großer innerlicher Ruhe erleben.

Wie Sie sich von Wut befreien können

• Verzeihen Sie Ihrem Partner, daß er Sie verlassen hat. Immer, wenn Sie denken „Wie konnte er mir so etwas antun", sagen Sie sich: „Ich bin bereit, dir zu verzeihen. Es stand nicht in deiner Macht, zu entscheiden, wann du stirbst. Du hast so gelebt, wie du es für richtig befunden hast".

• Wenn Sie Ärzten oder Behörden die Schuld für den Tod Ihres Partners geben und sich damit quälen, sagen Sie sich:
„Ich habe alles getan, was an rechtlichen Konsequenzen möglich ist, um fehlerhaftes Verhalten zu sühnen. Mein Partner wird davon nicht

mehr lebendig. Ich selbst lebe durch Vorwürfe, die ich innerlich immer wieder erhebe, in ständiger Anspannung. Deshalb entscheide ich mich, die Situation zu akzeptieren. Akzeptieren heißt nicht, daß ich das Verhalten anderer gut heißen muß. Einige Menschen haben Fehler begangen, weil sie fehlerhaft sind. Sie haben gegeben, was ihnen in diesem Moment möglich war. Sie haben mir nicht mit Absicht weh getan. Ich bin bereit, zu akzeptieren, daß die Welt unvollkommen ist."

Ich weiß, daß dies eine schwierige Aufgabe für Sie sein wird, denn Sie glauben, andere für ihr fehlerhaftes Verhalten bestrafen und den Tod des Partners sühnen zu müssen. Doch letztlich strafen Sie sich selbst. Es geht um Ihren Körper. Mit jeder Verurteilung und Beschuldigung der anderen rufen Sie in Ihrem Körper Haß und Spannung hervor. Möglicherweise bekommen Sie psychosomatische Beschwerden wie Bluthochdruck oder Magengeschwüre, und die anderen haben schon längst den Vorfall vergessen. Ich möchte Ihnen Ihren Haß nicht verbieten. Ich möchte Ihnen nur mitteilen, daß Sie sich bewußt dafür entscheiden, zu hassen. Wenn Sie den Haß aufgeben möchten, dann sagen Sie sich immer wieder obige Gedanken. Auch hier werden Sie wieder einige Zeit benötigen und sich die Gedanken trotz Widerstand Ihres Körpers, der Ihnen weismachen will, daß man das nicht verzeihen darf, sagen müssen. Doch am Ende wird eine innerliche Entspannung und ein friedliches Gefühl der Menschheit gegenüber stehen.

• Hadern Sie mit dem Schicksal? Möchten Sie das ändern? Dann entwickeln Sie folgende Einstellung:

„Ich bin bereit zu akzeptieren, daß die Welt nicht gerecht ist. Ich habe keinen Anspruch darauf, daß die Welt so funktioniert, wie ich mir das wünsche und vorstelle. Ich habe keinen Anspruch darauf, daß die Welt mir meine Wünsche erfüllt. Ich kann jedoch lernen, auf Wünsche zu verzichten und mich auf neue Situationen einzustellen. Die Gesetzmäßigkeit der Welt ist, daß es einen Kreislauf zwischen Leben und Tod gibt. Ich kann nicht wählen, wann ich sterbe. Ich kann jedoch wählen, wie ich mein Leben bis zu meinem Tode gestalte."

• Gibt es noch Ereignisse aus der Partnerschaft, die Sie dem Partner vorwerfen? Dann ist es notwendig, ihm zu verzeihen. Nehmen Sie hierzu Ihr Tagebuch zur Hand. Stehen dort noch Vorwürfe, die Sie nicht abgelegt haben?

Beginnen Sie, sich an die unangenehmen Seiten des Partners zu erinnern, daß er beispielsweise bei Konflikten nie darüber sprechen wollte, seine Bartstoppeln immer im Waschbecken lagen, er seine benutzte Tasse nie in die Spülmaschine räumte, immer vor dem Fernseher abendessen wollte, das Streicheln immer mit Sex endete.

Sagen Sie sich innerlich: „Ich bin bereit, dir zu verzeihen. Du hast dich so verhalten, wie es dir aufgrund deiner Lebensgeschichte möglich war. Du hast dein Bestes gegeben, auch wenn es nicht meinen Vorstellungen entsprach".

Dann gehen Sie bitte noch einen Schritt weiter und akzeptieren auch Ihren Ärger und Ihre Enttäuschung über den Partner. Schließen Sie Frieden mit der Vergangenheit, indem Sie beide Seiten wahrnehmen. Es ist menschlich, den Partner oder jeden anderen Menschen nicht nur zu lieben, sondern sich auch über ihn zu ärgern. Wenn Sie sich das nicht zugestehen, wird Ihr Abschied nie vollständig werden können. Auch wenn Sie andere Paare beneiden, ist es hilfreich, sich daran zu erinnern, daß es in jeder Partnerschaft auch Schattenseiten gibt.

Liebe Leserin, lieber Leser, wie fühlen Sie sich gerade? Sind Sie außer Atem gekommen? Fühlen Sie sich durch die Besteigung des Berges geschwächt? Sie können sich Zeit lassen. Sie bestimmen das Tempo. Ich werde Ihnen in Ihrem Rhythmus folgen. Sie können ruhig einmal Luft holen, auch mal in Ihrem Tagebuch zurückblättern. Wieviele Tage, Monate haben Sie nun schon überlebt, wo Sie anfangs dachten, keinen einzigen weiteren Tag durchstehen zu können? Wieviele Momente gab es schon, wo Sie dachten, Sie hätten es geschafft?

Die Trauerarbeit ist kein Alles-oder-Nichts-Geschäft. So wie Sie in Ihrer Partnerschaft nicht ununterbrochen glücklich waren (wenn Sie ehrlich zu sich sind), werden Sie jetzt auch nicht entweder immer glücklich oder immer unglücklich sein. Sie haben schon viel gewonnen, wenn Sie von sich sagen können, den überwiegenden Teil der Zeit innerlich ruhig gewesen zu sein. Jede Minute zählt, in der Sie wieder einmal richtig durchatmen können.

Ein neues Selbstwertgefühl entwickeln

„Neue Fähigkeiten und Kräfte,
nie hätte ich geglaubt, dazu fähig zu sein,
nie habe ich mich daran gewagt.
Neues Vertrauen in mich,
Stolz,
neue Unabhängigkeit -
ein gutes Gefühl."

Wir haben bereits darüber gesprochen, daß uns der Verlust unseres Partners in tiefe Selbstzweifel verstrickt. Wir haben unsere Rolle als Partner verloren und wissen noch nicht, wie unsere neue Rolle aussehen soll. Wie stark wir uns klein und minderwertig fühlen, hängt jedoch auch davon ab, welche generelle Einstellung wir zu uns selbst haben.

Menschen,
- die sich selbst für wichtig und wertvoll halten,
- die glauben, genügend Fähigkeiten zu besitzen, alleine im Leben klarzukommen,
- die glauben, wieder einen Partner finden zu können,
- die sich erlauben, schwach und hilflos zu sein, und dann um Hilfe bitten,
- die durch einen Beruf und Hobby, unabhängig vom Partner, ausgefüllt sind und
- die einen eigenen Freundeskreis während der Partnerschaft gepflegt haben,

werden nach einem Verlust nicht in so starke Selbstzweifel verfallen, bzw. schneller wieder Boden unter den Füßen finden.

Am stärksten erschüttert sind Menschen,

- die sich ihren Partner ausgesucht haben, um sich zu beweisen ,"auch wer" zu sein,
- die glauben, alleine nicht leben zu können,
- die glauben, nie mehr einen Partner finden zu können,
- die sich nicht erlauben, um Hilfe zu bitten,
- die keine eigenen Interessen und keine Berufsausbildung haben,
- die keine Freunde und keine engen Familienkontakte haben,
- die ihre eigenen Bedürfnisse und Wünsche zurückgestellt haben.

Sie haben ihr Leben auf der Sicherheit aufgebaut, daß der Partner genügt. Nun müssen sie erleben, daß sie vergessen haben, den Tod einzuplanen. Die wenigsten Menschen bereiten sich auf eine solche Situation gezielt vor, wobei wir alle davon ausgehen müssen, daß jede Ehe entweder durch Scheidung oder Tod endet. Diejenigen, die ihr Leben rund um den Partner aufgebaut haben, erwartet jetzt nach dem Verlust eine ganze Menge Arbeit. Der Verlust bringt sie quasi zu einer Art "Nachreife". Sie müssen nachsitzen, um die Lektionen des Lebens zu erlernen. Sie müssen lernen, für sich selbst, für ihre innere Zufriedenheit und für die Alltäglichkeiten zu sorgen. Sie müssen lernen, herauszufinden, was sie selbst im Leben möchten. Sie müssen lernen, zu erkennen, wer sie selbst - ohne Partner - sind. Sie müssen sich neue Quellen der Zufriedenheit erschließen. Später einmal werden sie vielleicht sogar dankbar sein, so viele neue Fähigkeiten bei sich entdeckt zu haben, doch im Augenblick erleben sie diese Lektion des Lebens eher als grausam.

Die positive Botschaft, die ich Ihnen vermitteln möchte, ist, daß Sie lernen können, sich selbst mehr zu mögen, sich mehr zu vertrauen und zuzutrauen. Sie können Ihr Selbstvertrauen durch neue Einstellungen zu sich selbst und durch neues Verhalten aufbauen. Sie können lernen, aus sich selbst heraus Zufriedenheit und Harmonie zu finden.

Ich habe mich entschieden, HEUTE etwas zu tun,
um mein Leben zu verbessern.

• Stellen Sie sich zuhause vor einen Spiegel und schauen Sie sich direkt in die Augen (nicht auf Falten, graue Haare, etc):
Sprechen Sie sich mit Ihrem Vornamen an und sagen Sie *laut* zu sich: „... (Ihr Vorname), ich bin bereit, dich so zu akzeptieren, wie du bist". Sagen Sie diese Worte so, als ob Sie sie zu einem lieben Freund sagen würden.

Kommen Ihnen die Tränen dabei? Kommen Sie sich albern vor? Höre ich Sie sagen „Das kann ich nicht" ? Dann reagieren Sie wie die meisten Menschen, denen ich diese Übung vorschlage. Die meisten Menschen erheben zunächst Einwände gegen diese Übung. Sie sagen, diese Übung sei zu künstlich, sie könnten sich nicht so akzeptieren oder Eigenlob stinke. Aber wie oft sagen wir zu einem anderen Menschen: „Ich mag dich so, wie du bist", ohne diese Einwände? Unsere Einwände zeigen lediglich, daß wir es nicht gewöhnt sind, uns etwas Nettes zu sagen und uns zu loben. Wir sollen uns ja nicht als den schönsten Menschen der Welt in den Himmel loben, sondern uns lediglich für den Augenblick so annehmen, wie wir sind. Nahezu alle Menschen fiebern nach Zuwendung und Anerkennung von anderen, aber wollen sich selbst nicht so annehmen, wie sie sind.

Bitte machen Sie die Übung jedes Mal, wenn Sie auf die Toilette gehen oder sich im Spiegel betrachten. Sie wollen doch eine innere Zufriedenheit und Selbstvertrauen, oder nicht? Dann müssen Sie bei sich beginnen, sich anzunehmen und in die Arme zu schließen. Sie müssen sich gegenüber das Gefühl entwickeln, einen guten Freund in die Arme zu schließen, dessen Beistand Sie sicher sein können.

Wenn Sie sich innerlich beschimpfen, abwerten und erst annehmen, wenn Sie noch tausend Veränderungen an sich vorgenommen haben, warten Sie vergebens auf Ihre Selbstsicherheit. Es kostet Sie keine große Kraft, sich stur den Satz zu sagen: „... (Vorname), ich bin bereit, dich so anzunehmen, wie du bist". Sie brauchen es sich nicht zu glauben. Sie können es sich auch nicht glauben - am Anfang, weil Sie sich sicher beispielsweise tausende Male das Gegenteil gepredigt haben, wie unmöglich Sie aussehen, daß Sie nur Hauptschulabschluß haben, Ihr Leben vertan haben, etc. Bitte machen Sie diese Übung, und Sie werden dafür belohnt werden. Ihr Partner kann es Ihnen nicht mehr sagen. Jetzt müssen Sie sich selbst etwas Gutes tun. Wenn Sie sich selbst der beste Freund sind, und sich, was auch immer passiert, annehmen, kann Ihnen nicht mehr viel passieren.

• Schaffen Sie sich ein neues Selbstbild. Sagen Sie sich: „Ich bin ein Mensch wie jeder andere auch. Ich habe ein Recht auf Kontakte, Lebensfreude und Zufriedenheit. Was mich von anderen unterscheidet, ist, daß mein Partner gestorben ist. Ich habe Anrecht auf einen neuen Lebensabschnitt".

Sie brauchen eine positive und bejahende Einstellung zu sich selbst. Wenn Sie sich selbst als Witwe oder Witwer sehen, der keine Rechte mehr hat und zu bedauern ist, dessen Leben abgeschlossen ist, werden Sie sich auch so fühlen und danach leben.

Beginnen Sie, sich als vollständigen Menschen zu sehen, dann werden Sie sich auch so fühlen und so handeln. Und dann wird auch die Anerkennung von außen kommen. Erst müssen Sie etwas tun, dann wird etwas zurückkommen.

• Gehen Sie liebevoll mit sich um, wenn Ihnen vieles, was Sie neu lernen müssen, nicht auf Anhieb gelingt. Es ist tausend Male besser, etwas Neues auszuprobieren und fehlerhaft zu sein, als es nicht zu versuchen. Sagen Sie sich bei Fehlern, statt sich zu verurteilen, wie dumm und unmöglich Sie sich verhalten haben: „Ich habe in diesem Augenblick mein Bestes gegeben, was mir möglich war. Das ist alles, was ich tun kann. Jetzt schaue ich nach, ob ich etwas korrigieren kann, und wie ich den Fehler in Zukunft vermeiden kann".

• Da viele Menschen nach dem Verlust eines Partners an ihren Rechten in der Gesellschaft zweifeln, möchte ich diese hier noch einmal klar und deutlich aufführen. Sie haben das Recht,
• sich an die erste Stelle zu setzen. Sie sind nicht der Diener für andere

Menschen.
• Ihre Gefühle zu zeigen, solange Sie niemandem damit schaden.
• Fehler zu machen.
• Ihre Meinung zu äußern.
• allein zu sein, auch wenn andere Ihre Gesellschaft wünschen.
• nein zu sagen.
• andere um Unterstützung zu bitten.
• die Verantwortung für die Probleme oder das Glück anderer nicht zu übernehmen.
• Fragen zu stellen, wenn Sie etwas nicht verstanden haben.

• Werden Sie aktiv. Nehmen Sie die Unsicherheit als eine Herausforderung, aktiv zu werden. Handeln Sie, als ob Sie schon mehr Selbstsicherheit erreicht hätten.

Sie werden anfangs ein Gefühl haben, als ob Sie sich vergewaltigen und belügen, wenn Sie ein neues Verhalten ausprobieren. Sie haben die ganze Zeit anders gelebt, und Sie kommen sich bestenfalls komisch, schlimmstenfalls als Schauspieler vor. Sie müssen jedoch so tun, als ob Sie sich schon sicher fühlen, dann werden Sie es werden.

• Wenn Sie Ihre positive Einstellung sich selbst gegenüber noch weiter ausbauen möchten, dann empfehle ich Ihnen hierzu das Buch <So gewinnen Sie mehr Selbstvertrauen> von Dr. Rolf Merkle. Er geht darin ausführlich auf die Ursachen von Minderwertigkeitsgefühlen ein und hilft Ihnen dabei, sich selbst mehr anzunehmen und mehr zuzutrauen.

Die Überprüfung Ihres Lebenskonzeptes

Sie haben wahrscheinlich viele Jahre mit Ihrem Partner zusammengelebt. In dieser Zeit haben sich Regeln und Gewohnheiten herausgebildet, die meist, solange beide damit einverstanden sind, nicht mehr in Frage gestellt werden. Die Regeln und Gewohnheiten entsprechen mehr oder weniger Ihren eigenen Bedürfnissen. Vielleicht haben Sie bei vielem eingewilligt, weil Sie Angst vor Konflikten hatten, um dem Partner einen Gefallen zu tun oder weil Sie es sich selbst nicht zutrauten.

Der Tod des Partners bietet für Sie nun eine einzigartige Chance, sich über ureigene Bedürfnisse klar zu werden und die Gewohnheiten zu überprüfen. Wie wollen Sie wohnen? Wollen Sie sich weiterbilden? Wollen Sie sich beruflich betätigen, neue Hobbies entwickeln? Mit welchen Menschen wollen Sie zusammensein? Wie wollen Sie sich kleiden? Was sind Ihre Lieblingsgerichte? Was wollen Sie lesen, im Fernsehen schauen? Wann wollen Sie aufstehen und schlafen gehen? Wie wollen Sie mit Ihrem Geld umgehen? Welches Auto wollen Sie fahren, usw? Stellen Sie sich vor, wie es wäre, wenn die Trauer ein Ende nähme. Was würden Sie tun, wenn Sie nicht mehr trauerten?

Was möchte ich in meinem Leben umgestalten?

• Schreiben Sie Ihre Wünsche, die Sie verwirklichen möchten, in Ihr Tagebuch. Wo soll Ihr Platz und Ihre Aufgabe in diesem neuen Lebensabschnitt sein?

• Sagen Sie sich laut: „Eine der wichtigsten Erfahrungen in meinem Leben ist der Verlust meines Partners. Vielleicht wird es die schlimmste Erfahrung in meinem Leben überhaupt sein. Ich kann mich dennoch entscheiden, weiterzuleben und einen neuen Lebensabschnitt zu beginnen. Ich möchte meine Zukunft nutzen, indem ich ... (Ihre Wünsche) mache".

• Wann immer Sie sich Schuldgefühle machen und dafür verurteilen, etwas Neues auszuprobieren, Wünsche des verstorbenen Partners nicht zu erfüllen, sich gut zu fühlen, seine Lebensversicherungsprämie zu verleben, mit einem neuen Partner ausgehen, Sex zu machen, eine teure Reise zu buchen, sagen Sie sich:

„Mein Partner ist gestorben. Ich habe mich entschieden, weiterzuleben. Ich bin jetzt für mein Leben und meine Zukunft verantwortlich. Ich habe das Recht, glücklich zu sein, eigene Wünsche zu verwirklichen. Ich habe das Recht, über unser gemeinsam Erspartes zu bestimmen. Ich finde es traurig, daß mein Partner all das nicht mit mir genießen kann, aber das sind die Gesetzmäßigkeiten des Lebens. Er würde sicher wünschen, daß es mir gut geht. Ich habe ein Recht, mein Leben nach meinen Vorstellungen zu gestalten, auch wenn anderen das mißfallen mag. Es ist mein Leben, und solange ich niemandem schade, darf ich leben, wie ich möchte."

Im folgenden möchte ich Ihnen ein paar Anregungen geben, was Sie in Ihrem Leben verändern könnten. Denken Sie an den Grundsatz: Sie sind wichtig und haben ein Recht auf Ihre Wünsche.

• Wohnung:
Vielleicht haben Sie niemals ein eigenes Zimmer besessen oder die Wohnung nach eigenen Ideen einrichten können. Probieren Sie es aus. Sie brauchen ja nicht alle Möbel aus der Wohnung zu werfen. Es genügen schon eine neue Tapete, ein paar neue Bilder, Kissenhüllen oder das Umstellen der Möbel. Sie verraten Ihren Partner damit nicht. Ihm würde gefallen, wenn es Ihnen Spaß macht.

• Interessen:
Welche Interessen haben Sie immer schon gehabt, aber nicht ausgelebt? Wollten Sie schon immer Englisch lernen, Ikebana erlernen, in einen Chor gehen? Informieren Sie sich bei der örtlichen Volkshochschule, der Kirchengemeinde oder in den Vereinen. Auch wenn Sie bisher nie alleine irgendwo hingegangen sind, Sie können es erlernen. Was kann Ihnen schon passieren, nachdem Sie diese lebensgefährliche Phase der Trauer erfolgreich und alleine bewältigt haben?

• Ihr Äußeres:
Möchten Sie an Ihrem Äußeren etwas verändern? Wie wäre es mit einer

neuen Frisur oder einem neuen Kleidungsstil, einer neuen Farbkombination? Sie brauchen jetzt nur noch sich zu gefallen und können experimentieren, worin Sie sich am wohlsten fühlen. Aber Achtung! Wenn Sie etwas Neues ausprobieren, werden Sie sich, wie immer beim Umlernen, zunächst unsicher fühlen. Sie werden sich daran gewöhnen und sich irgendwann auch darin wohlfühlen.

• Beruf:
Wollen Sie sich beruflich verändern oder gar seit langer Zeit wieder in das Berufsleben einsteigen? Hierzu können Sie sich an verschiedene Institutionen wenden, deren Adressen Sie im Anhang finden.

• Weiterbildung:
Wollen Sie sich weiterbilden? Möglichkeiten hierzu bietet ein Kurs an der Fernuniversität, eine Fernstudienschule, die Volkshochschule oder das Arbeitsamt. Informationen und Adressen finden Sie im Anhang. Sind Sie ohne Führerschein und möchten ihn machen? Durch ihn wären Sie unabhängiger und nicht mehr so ortsgebunden. Außerdem würde er Ihr Selbstvertrauen stärken. Wollen Sie eine Sprache erlernen?

Ich bin mir sicher, in Ihnen gibt es noch eine ganze Menge brachliegender Kapazitäten. Wagen Sie es, etwas für sich zu tun. Sie können nur vorankommen.

• Ehrenamtliche Beschäftigung:
Suchen Sie eine neue Aufgabe im Leben? Wenn Ihre Kinder aus dem Haus sind, sehen Sie vielleicht keinen Sinn darin, täglich nur Ihren Haushalt zu erledigen. Überlegen Sie, ob Sie eine ehrenamtliche Aufgabe übernehmen wollen. Sie können sich hierzu an Ihre Kirchengemeinde oder auch an die Kliniken in Ihrer Stadt wenden.

Neben der Wohltat, die Sie anderen tun, gewinnen Sie selbst auch etwas. Sie gewinnen das Gefühl, gebraucht zu werden und zu etwas nütze zu sein.

Rückfälle

Liebe Leserin, lieber Leser, nun sind Sie wieder ein Stück vorangekommen. Sie brauchen und werden Ihren Partner auf Ihrem Weg der Weiterentwicklung und Veränderung nicht vergessen. Sie wären nicht an der Stelle, wo Sie jetzt sind, ohne all die Erfahrungen, die Sie mit Ihrem Partner gemacht haben. Sie bilden die Basis, von der aus Sie jetzt weitergehen. Es wird immer Zeiten und Situationen geben, in denen Sie traurig darüber sein werden, daß Ihr Partner verstorben ist. Der Unterschied zu früher ist, daß die Trauer nicht so tief gehen und schneller wieder vorübergehen wird.

Lassen Sie gelegentliche "Rückfälle" in die Traurigkeit und Wut zu. An besonderen Tagen wie dem Hochzeitstag, der Hochzeit der Kinder, an Weihnachten, beim abgeschlossenen Examen der Tochter, der Geburt des Enkelkindes, oder Ihrem Geburtstag werden die alten wohlvertrauten Gefühle aus der zweiten Phase wieder langsam in Ihnen hochkrabbeln. Auch eine mit dem Partner verknüpfte Musik, der mit ihm entdeckte Urlaubsort, alte Freunde, die nicht von seinem Tod wußten und nach ihm fragen, alte Bilderalben können die alte vernarbte Wunde wieder zum Schmerzen bringen.

Untersuchungen zeigen, daß es besonders in dem Zeitraum zwischen 12 und 18 Monaten zu einem nochmaligen Aufflackern alter schmerzlicher Gefühle kommen kann. Akzeptieren Sie diese Gefühle, Sie werden nicht mehr tagelang dauern, sondern vorüberziehen. Sie sind ein Zeichen des Fortschritts, und Sie wissen bereits, wie Sie mit diesen Gefühlen umgehen können.

Kontakte knüpfen

Der Verlust des Partners macht uns deutlich bewußt, daß wir Menschen soziale Lebewesen sind, die ein Bedürfnis nach menschlichen Kontakten haben, und wir bemerken, wie stark wir uns darauf verlassen haben, daß ein anderer Mensch da ist. Wir haben diesem Menschen in unserem Leben soviel Gewicht eingeräumt, ihm soviel Möglichkeiten geboten, als einziger unsere Bedürfnisse zu erfüllen, daß wir jetzt mit leeren Händen dastehen. Wer soll uns streicheln, intensive Gespräche über Gott und die Welt mit uns führen, mit uns gemeinsam über die Nachbarin schimpfen, uns Trost zusprechen, mit uns spazierengehen, unser Bett vorwärmen, über den neuesten Bestseller reden, uns zum Sylvesterball begleiten, mit uns ins Stammlokal essen gehen, in Urlaub fahren, sich mit uns den "Tatort" ansehen, uns ohne große Worte mitteilen, daß wir nicht allein sind, uns das Schnupfenmittel aus der Apotheke holen, unser neuestes Kleid bewundern, den verstopften Abfluß reparieren?

Die Antwort lautet erst einmal: wir haben niemanden in Reserve. Mit dieser Antwort wird sich unser Bedürfnis nach Nähe, Austausch und Verstandenwerden jedoch nicht abspeisen lassen. Wir verspüren Einsamkeit und Sehnsucht. Unsere Gefühle wollen uns darauf aufmerksam machen, daß uns etwas fehlt, und uns dazu bewegen, aktiv zu werden. Wenn wir uns jedoch bisher in unserem Leben mehr oder weniger mit dem Kontakt zu unserem Partner begnügten, stellt uns diese Aufgabe vor große Probleme. Tausende von negativen Ideen schwirren uns durch den Kopf. „Wie soll ich andere Menschen kennenlernen?" „Ich habe nichts Besonderes anzubieten." „Ich weiß nicht, wie ich ein Gespräch beginnen soll." „Die anderen werden mich ablehnen." „Ich weiß nicht, wo ich hingehen soll." „Als alleinstehende Frau kann ich doch nicht alleine weggehen." „Ich habe Angst, alleine wegzugehen." „Überall sind nur glückliche Paare anzutreffen."

Wir fühlen uns, als ob uns auf der Stirn geschrieben stünde: unglückliche, arme Witwe bzw. unglücklicher, armer Witwer. Wir haben Phantasien, daß alle anderen uns bedauern, wenn wir den Raum allein betreten, uns alle mitleidig anschauen und wir ohne Partner nichts wert seien. Selbst wenn Nachbarn oder alte Freunde uns einladen, kommen negative Ideen auf: „Die paar Freunde, die wir hatten, waren hauptsächlich an meinem Partner interessiert. Ich bin anderen nur ein Klotz am Bein. Sie laden mich nur aus Verpflichtung ein. Ich habe nichts Besonderes anzubieten".

Gehen wir mit diesen Gedanken dennoch in den alten Bekanntenkreis, nehmen wir uns zusammen, damit ja niemand unsere Unsicherheit, Trauer und Wut verspüre. Die Folge ist meist Unsicherheit auf beiden Seiten. Wir müssen zudem erkennen, daß die Themen, die beide Seiten interessieren, sich verändert haben. Die anderen haben Angst vor einer alleinstehenden Person. Und der Weg zu neuen Kreisen erscheint uns durch unsere Katastrophenphantasien und die daraus resultierenden Ängste erschwert.

Die Folge all unserer negativen Gedanken ist, daß wir zuhause bleiben und uns abgeschnitten von der Welt fühlen, uns bedauern und depressiv werden, oder aber aggressiv werden, weil das Schicksal uns in eine solche Situation gebracht hat. „Es könnte alles so schön sein, wenn ..."

Doch uns stehen noch andere Möglichkeiten offen. Wir haben die Chance, neue Menschen kennenzulernen und von ihnen neue Impulse zu erhalten. Wir können uns neue Kontakte und neue Menschen erschließen. Diesen Schritt wird uns zunächst jedoch einmal wieder unsere Angst erschweren. Inzwischen wissen wir ja schon, daß unser Gefühl, wann immer wir etwas Neues beginnen, was unserem alten Verhalten widerspricht, zunächst rebelliert. Wir müssen mit der Angst in neue Situationen gehen, und dann wird sich die Angst verflüchtigen. Wenn wir darauf warten, daß unsere Angst zunächst verschwindet, werden wir in unserem Käfig aus alten Gewohnheiten gefangenbleiben.

Wie Sie wieder Anschluß finden und neue Kontakte knüpfen können

• Laden Sie Ihre Nachbarn oder alte Freunde ab und zu zum Kaffee ein. Die Initiative muß von Ihnen ausgehen. Greifen Sie zum Telefonhörer und rufen Sie an. Schlimmstenfalls kommt ein Nein, bestenfalls haben Sie für diesen Tag eine Unterhaltung.

• Akzeptieren Sie Ihre Angst vor dem neuen Schritt, Kontakt aufzunehmen. Sie entsteht, weil Sie eine negative Meinung von sich selbst haben. Rufen Sie sich täglich die positive Einstellung in Erinnerung:

> „Ich bin liebenswert. Ich habe das Bedürfnis, andere Menschen kennenzulernen. Da ich darin noch unerfahren bin, fühle ich mich unsicher. Die einzige Möglichkeit, sicherer zu werden, ist, aktiv zu werden und unter Menschen zu gehen. Ich weiß nicht, was andere von mir denken werden. Selbst wenn sie Negatives denken, so ist das nur deren Meinung. Mein Ziel ist es, Kontakte zu knüpfen, und deshalb lasse ich mich nicht durch mein unsicheres Gefühl beirren."

• Wenn Sie neue Kontakte knüpfen wollen, nehmen Sie sich bitte nicht vor, mit einem hochgeistigen Gespräch zu beginnen. Sagen Sie etwas zur Situation, in der Sie sich befinden, beispielsweise zu dem Volkshochschulkurs oder zu dem Ort des Kurses, oder stellen Sie Ihrem Gegenüber eine Frage: „Wie gefällt Ihnen ...? Was machen Sie beruflich, privat, in diesem Kurs ...?".

• Besuchen Sie eine Trauerbewältigungs- oder Selbsthilfegruppe, sofern es eine in Ihrer Stadt gibt. Im Anhang finden Sie entsprechende Adressen.

• Seien Sie nicht so wählerisch mit Ihren Bekannten. Es genügt, wenn Sie mit jedem Bekannten oder jeder Bekannten *ein* Interesse verbindet. Sie brauchen viele Bekannte, da nicht jeder sich für all das interessiert, was Sie tun möchten. Außerdem hat nicht jeder dann Zeit, wenn Sie eine Begleitung suchen. Es geht im Augenblick um neue Kontakte, nicht um einen neuen Partner.

• Machen Sie sich auf die Suche nach einem neuen Bekanntenkreis. Häufig ist es so, daß der alte Freundeskreis sich entweder zurückzieht, weil er einfach andere Bedürfnisse wie Sie hat, oder Sie nur in Verbindung mit Ihrem Partner annehmen will. Zum anderen geht von dem Freundeskreis oft auch eine Gefahr aus. Er will Sie sich vielleicht so erhalten, wie Sie vor dem Verlust des Partners waren. Sie haben sich jedoch verändert und wollen sich vielleicht auch noch weiter verändern. Dann brauchen Sie auch neue Kontakte, die Sie in Ihrer Veränderung fördern. Auch wollen viele Menschen jemanden, der traurig ist, nicht in ihren eigenen Reihen sehen, und eine zwanghaft aufgelegte Fröhlichkeit Ihrerseits tut Ihnen auch nicht gerade gut.

Eine gute Möglichkeit, neue Bekannte zu finden, ist es, seine eigenen Interessen auszubauen oder zu entwickeln. In jeder größeren Stadt gibt es eine Volkshochschule, die Vorträge, Sprachkurse, psychologische Kurse, usw. anbietet. Sie finden die Adresse in Ihrem Telefonverzeichnis. Auch die Kirche Ihrer Gemeinde bietet sicher Gesprächskreise an. Eine andere Möglichkeit ist es, in einen Verein (Gesangs-, Sportverein, Kegel- oder Wanderclub) einzutreten. Wichtig ist, daß Sie etwas tun, was Ihnen Spaß macht. Mit den Menschen, die ebenfalls dort mitmachen, verbindet Sie dann schon ein Interesse.

Einen neuen Partner suchen

Nach den ersten beiden Trauerphasen, nach dem Durchleben des Schmerzes und dem schmerzhaften Vermissen der emotionalen und körperlichen Geborgenheit kommen viele Menschen an den Punkt, Sehnsucht nach einem neuen Partner, nach Austausch in gemeinsamen Gesprächen zu haben, Sehnsucht nach einer neuen erfüllten Beziehung, vielleicht auch im sexuellen Bereich, zu haben. Akzeptieren Sie diesen Wunsch, denn er ist nur allzu menschlich. Unsere Gesellschaft fördert diesen Wunsch ebenfalls, indem sie Paare eher akzeptiert als alleinstehende Menschen. Im Augenblick ist zwar ein Umbruch in unserer Gesellschaft feststellbar und immer mehr Menschen entscheiden sich bewußt für das Leben als Single. Diese Entscheidung ist jedoch eine ganz persönliche Wahl.

Wenn Sie sich dafür entscheiden, nach einem neuen Partner zu suchen, können mit dem Gedanken, daß Sie Ihrem verstorbenen Partner untreu werden, wieder Schuldgefühle auftauchen. Denken Sie daran, Ihr Partner würde aus Liebe zu Ihnen alles wollen, was Ihnen gut tut.

Auch wenn in Ihnen der Wunsch nach einem Partner spürbar ist, so bedeutet dies nicht, daß Sie Ihrem verstorbenen Partner untreu werden und ihn nicht genügend geliebt haben. Sie sind noch am Leben und haben die Freiheit, sich das Leben so zu gestalten, wie es Ihnen gut tut. Sie tun Ihrem verstorbenen Partner damit nicht weh und vergessen ihn auch nicht. Solange Sie in Ihrer Erinnerung Liebe für ihn empfinden und sich bewußt sind, daß jeder Mensch dazu fähig ist, mehrere Menschen zu lieben, ist alles in Ordnung. Sie werden mit jedem Menschen einzigartige Erfahrungen machen und keine Liebe ist vergleich- oder meßbar.

Möchten Sie nach einem Lebensgefährten Ausschau halten? Je nachdem, wie lange die Partnerschaft bestanden hatte, werden dabei viele Fragen auftauchen. Wo lerne ich einen Mann/eine Frau kennen? Wie soll ich mich mit einem Mann/einer Frau verabreden? Bin ich noch attraktiv?

Was Sie tun können, um neue Menschen und möglicherweise einen neuen Partner kennenzulernen

• Sprechen Sie mit Ihren Verwandten und Bekannten darüber, daß Sie sich jetzt innerlich vorstellen können, wieder mit einem Partner zusammensein oder zusammenleben zu können. Ihre Bekannten kennen vielleicht andere Menschen, haben Nachbarn oder Geschäftskollegen, die auch auf der Suche nach einem Partner sind. Ich halte es für eine völlig normale Sache, diese Möglichkeit zu nutzen. Das sagt nichts darüber aus, daß Sie sonst "keinen abkriegen könnten". In unserer heutigen Zeit gibt es kaum noch Kontakte zu Nachbarn, insbesondere in einer Großstadt, um zu erfahren, wer auch wieder einen Partner sucht. Die Zeit des ersten Tanzkurses ist auch für Sie vorbei. Jemanden spontan kennenzulernen und Liebe auf den ersten Blick zu erfahren, ist nur eine (seltene) von vielen Möglichkeiten.

• Suchen Sie sich einen Vortrag oder eine Reise mit einem bestimmten

Thema aus, das Sie interessiert. Falls Sie sich nicht getrauen, dort jemanden anzusprechen, haben Sie zumindest etwas für sich gewonnen. Wenn Sie jemanden kennenlernen, bietet das die Chance einer intensiveren Bekanntschaft, da Sie von diesem Menschen bereits wissen, daß Sie beide sich für eine Sache interessieren.

• Die Veröffentlichung einer Kontaktanzeige oder aber auch das Beantworten einer Kontaktanzeige in der örtlichen oder einer überregionalen Zeitung ist ein weiterer Weg, Menschen kennenzulernen. Gerade zu diesem Thema höre ich in meiner Praxis immer wieder große Einwände: „Ich weiß nicht, was ich schreiben soll" oder „Das ist so erzwungen".

Auch hier sehe ich die Anzeige als neue zeitgemäße Möglichkeit, Menschen kennenzulernen, die man beispielsweise in Vorträgen oder im Cafe nicht kennenlernt. Der Text einer selbst aufgegebenen Anzeige sollte realistisch sein und dem Leser etwas von Ihren Interessen mitteilen. Es gibt ansonsten keine optimale Form, den Text zu formulieren. Er soll Ihnen entsprechen und einen ganz normalen Menschen widerspiegeln. Es gibt kein "richtig" oder "falsch". Unterschiedliche Anzeigen werden unterschiedliche Menschen ansprechen.

• Partnervermittlungsinstitute stellen eine weitere Möglichkeit dar. Die Stiftung Warentest hat 1990 eine Untersuchung über die Zuverlässigkeit von solchen Instituten durchgeführt. Von Ihrer örtlichen Verbraucherberatungsstelle (Anschrift im Telefonbuch) erfahren Sie, welche Institute vertrauenswürdig sind. Prinzipiell haben Sie wesentlich mehr Chancen und es ist billiger für Sie, wenn Sie selbst eine auf Ihre Bedürfnisse zugeschnittene Anzeige aufgeben.

• Bemühen Sie sich um neue Bekanntschaften. Aus den Bekanntschaften können Freundschaften werden und aus Freundschaft eine Partnerschaft. Lassen Sie eine enge Beziehung langsam wachsen. Es genügt, wenn Sie sich anfangs in der Nähe des anderen wohlfühlen. Es muß kein Verliebtheitsgefühl auftauchen - vielleicht taucht nie mehr eines auf, sondern nur noch Gefühle von Vertrauen und Geborgenheit.

• Besuchen Sie Kurse in der Volkshochschule, in der Gemeinde. Kurse haben den Vorteil, daß sich in der Regel noch keine Grüppchen gebildet haben, während in Vereinen meist schon feste Kontakte bestehen.

• Hüten Sie sich davor, sofort entscheiden zu wollen, ob das der nächste Partner sein könnte. Es genügt, wenn Sie einen netten Abend verbracht haben.

• Setzen Sie Vorstellungsübungen ein, um Ihre innere Angst vor Kontakten zu überwinden. Malen Sie sich aus, wie Sie zu dem Vortrag, Konzert oder mit dem Wanderverein gehen. Ihr Ziel ist es, dort hinzugehen und die Aktivität mitzumachen. Lassen Sie sich nicht gleich von äußeren Merkmalen Ihres Gegenübers oder Nachbarn abschrecken. Für ein kurzes Gespräch ist jeder recht. Verlangen Sie nicht gleich von sich, den Menschen anzusprechen, der Ihnen absolut sympathisch ist, sondern beginnen Sie stattdessen bei jemandem, den Sie "nur" ganz nett finden.

Was Ihnen die Partnersuche erschweren kann

• Vergleiche mit dem verstorbenen Partner
Da Sie sich nicht freiwillig von Ihrem Partner getrennt haben und sehr viele schöne Erlebnisse mit ihm verknüpfen, werden Sie jeden Menschen, den Sie kennenlernen, mit Ihrem verstorbenen Partner vergleichen. Dies kann mit dem Aussehen beginnen und mit Charaktereigenschaften enden. Sie stellen diese Vergleiche automatisch an, können sie also nicht verhindern. Immer dann, wenn wir mit jemandem oder etwas eine gute Erfahrung gemacht haben, wollen wir das Erlebte wiederholen. Das ist mit Urlaubsorten, Restaurants auch so. Es gibt nur ein Problem dabei. Wenn wir darauf lauern, ein und dieselbe Erfahrung wiederholen zu wollen, wird uns das nicht gelingen. Wir können keine

einzige Erfahrung genau gleich zweimal erleben - auch nicht die schönen Erfahrungen aus der Vergangenheit in der Partnerschaft. Wir benötigen eine neue Einstellung, wann immer wir uns bei Vergleichen ertappen: „Dies sind die Erfahrungen mit meinem verstorbenen Partner. Er ist unersetzlich in seiner Einzigartigkeit. Mein neuer Partner ist nicht besser oder schlechter, sondern *anders*. Er hat das Recht, anders zu sein. Ich habe dadurch die Möglichkeit, neue Erfahrungen zu machen. Ich werde meinen Blick auf das lenken, was mir gefällt".

Auf diese Weise können wir uns dem neuen Partner gegenüber öffnen und ihm eine Chance geben, in unseren Gefühlen anzukommen.

• Ständiges Reden über den verstorbenen Partner
Besonders für die Menschen, die vor dem endgültigen inneren Abschiednehmen wieder eine Partnerschaft beginnen, stellt dies ein Problem dar. Sie vergleichen mit dem verstorbenen Partner und reden mit dem neuen Partner darüber: „Mein Partner hätte das anders gemacht", „Wenn er noch da wäre, dann würde er mir jetzt ...", „Mein verstorbener Partner hat aber immer ...". Für den neuen Partner ist dies eine ungeheure Kränkung, denn er tut, was ihm möglich ist. Er kann jedoch nicht verhindern, daß der verstorbene Partner quasi noch in Form von Gesprächen in der neuen Beziehung lebt.

Es ist in Ordnung, auch mit dem neuen Partner über den Toten zu reden, jedoch nicht täglich und nicht in Form von Vergleichen, wer besser ist. Formulieren Sie Wünsche, was Sie von dem neuen Partner haben möchten, und lassen Sie dabei den verstorbenen Partner aus dem Spiel: „Ich würde mich freuen, wenn .... Ich würde mir wünschen, daß ...". Dann hat der neue Partner die Chance, den Wunsch zu erfüllen, ohne sich in den Wettbewerb mit dem verstorbenen Partner zu begeben. Sollte er einige Wünsche dennoch nicht erfüllen, müssen Sie sich überlegen, ob Sie trotz allem in der neuen Beziehung bleiben möchten. Wahrscheinlich sind in Ihrer früheren Partnerschaft auch nicht alle Wünsche erfüllt worden, oder? Geben Sie Ihrem neuen Partner die Chance, mit Ihnen ein neues Modell von Partnerschaft zu entwickeln, ein Modell, was genau auf die Bedürfnisse von Ihnen und dem neuen Partner zugeschnitten ist. Ihr neuer Partner hat möglicherweise andere Bedürfnisse und Sie auch.

• Ständige Erinnerung daran, daß der neue Partner auch sterben könnte. Viele Menschen binden sich nach dem Tod des Partners nie mehr fest an einen anderen Menschen. Sie haben gelernt, daß es gefährlich und schmerzhaft sein kann, sich gefühlsmäßig an einen anderen Menschen zu binden. Gefährlich ist es auch, wenn wir uns jeden Tag damit beschäftigen, daß der Partner sterben könnte. Dann können wir das Heute nicht genießen. Wir ersparen uns dann den Schmerz, der kommt, wenn der Partner tatsächlich stirbt, aber wir nehmen uns auch die Möglichkeit, nochmals eine nahe, intensive Beziehung mit angenehmen, schönen Erfahrungen zu erleben.

• Angst, Ihre Kinder könnten etwas gegen eine neue Beziehung haben. Möglicherweise haben Ihre Kinder tatsächlich etwas gegen eine neue Partnerschaft im allgemeinen oder gegen den Menschen, mit dem Sie eine Partnerschaft eingehen möchten, im besonderen. Diese Einwände können viele Gründe haben. Vielleicht ist es den Kindern unvorstellbar, daß der Platz der Mutter oder des Vaters wieder besetzt werden könnte, oder aber sie haben Angst, ihr Erbe zu verlieren. Ich selbst habe an mir beobachtet, daß ich, als meine Mutter mir ihren neuen Lebensgefährten vorstellte, Angst hatte, sie könnte einen Fehler machen.

Für Sie, der Sie innerlich die Sehnsucht nach einem Partner verspüren, ist es wichtig, sich zu sagen: „Ich bin ein erwachsener Mensch und habe ein Anrecht darauf, mein Leben so zu gestalten, daß ich mich wohlfühle. Meine Kinder können mir den Partner nicht ersetzen. Es ist schade, wenn die Kinder nicht damit einverstanden sind. Es ist jedoch mein Leben, und ich habe ein Recht darauf, daß es mir gutgeht. Möglicherweise gewöhnen sie sich an meinen neuen Partner. Wenn nicht, ist das schade, aber das ist deren Problem".

• Die Idee, Ihre Ehe sei unauflöslich, und folglich können Sie nie mehr einen anderen Menschen lieben.

Wenn man sehr lange oder sehr intensiv mit einem Partner zusammengelebt hat und mit ihm sehr glücklich war, kommen innerlich meist Gedanken wie: „Du kannst ihm doch nicht einfach untreu werden. Dadurch würdest du die ganze schöne Zeit in Frage stellen und ihn verraten". Es ist normal, daß solche Gedanken kommen. Sie können jedoch entscheiden, ob Sie ihnen folgen möchten. Sie können einem Menschen nicht mehr untreu werden, wenn er gestorben ist. Sie können Ihre Liebe Ihrem verstorbenen Partner gegenüber immer behalten und gleichzeitig Liebe anderen Menschen gegenüber entwickeln. Der Mensch hat ein unendliches Reservoir an Liebesgefühlen. Es ist wahr, Sie können in einem Moment nur einem Menschen gegenüber Liebe empfinden. Dieses Liebesgefühl stellt jedoch Ihre Einstellung einem anderen Menschen gegenüber nicht in Frage.

Umgang mit der Sexualität

In unserer Gesellschaft gibt es ein unausgesprochenes Gesetz, daß es für verwitwete Menschen (insbesondere Frauen) unangemessen ist, sexuelle Bedürfnisse zu haben. Dies ist wenig einzusehen, wenn man bedenkt, daß verwitwete Menschen meist aus einer langjährigen befriedigenden Partnerschaft herausgerissen werden. Dennoch hat dieses "Gesetz" seine Wirkung. Verwitwete Menschen reden meist seltener über ihre sexuellen Bedürfnisse. Gleichzeitig haben sie auch Angst vor neuen Kontakten, die in einen sexuellen Kontakt münden könnten.

Wenn man seinen Partner kennenlernt, ist man gewöhnlich noch jung und der Körper noch ohne Schwangerschaftsstreifen, Krampfadern, Hängebusen, Zahnersatz oder Fettpolster am Bauch. Man wird gemeinsam alt und bemerkt die Veränderungen nicht mehr so stark. Man wächst sozusagen in das Altern gemeinsam hinein. Nach dem Verlust des Partners stehen wir an einem anderen Punkt. Wir können wählen, uns nie mehr in das Wagnis sexuellen Kontaktes hineinzubegeben, unsere sexuellen Bedürfnisse zu unterdrücken und uns selbst zu befriedigen, oder aber noch einmal einen anderen Menschen nahe an unseren, mittlerweile älter gewordenen Körper heranzulassen.

Geben wir uns die Chance zu neuer sexueller Erfahrung, so steht häufig die Angst im Vordergrund: „Fange ich dabei an zu weinen?" „Kann ich überhaupt etwas für einen anderen Partner empfinden und einen Orgasmus erlangen?" „Wie soll ich ihm sagen, daß ich nicht gleich mit ihm ins Bett will?" „Bin ich sexuell noch attraktiv für Männer/Frauen?" „Wie kann ich mich vor Aids schützen?" „Wie soll ich ihm sagen, daß ich mit ihm schlafen will?" „Woher weiß ich, daß das der Richtige ist?"

Wie Sie mit Ihrem sexuellen Verlangen umgehen können

• Akzeptieren Sie Ihr wieder erwachendes sexuelles Verlangen. Sie sind ein Mensch, dessen Körper ebenso lebt wie dessen Seele.

• Entwickeln Sie eine positive Einstellung zu Ihrem Körper. Unser Körper ist auf langsamen Verfall angelegt, sodaß die geistigen Qualitäten immer mehr in den Vordergrund rücken. Auch an dem neuen Partner wird die Zeit nicht spurlos vorübergegangen sein. Stellen Sie sich nackt vor einen Spiegel und schauen Sie sich an. Sagen Sie sich laut: „Ich bin bereit, meinen Körper zu akzeptieren. Er hat mich bis hierhin in meinem Leben begleitet". Sie brauchen Ihren Körper nicht zu lieben, wenngleich das ein sehr schönes Gefühl ist, für den Anfang genügt es, ihn anzunehmen. Sie haben nur diesen einen Körper und können nur wählen, ihn so anzunehmen und sich gut zu fühlen oder ihn zu hassen. Bis heute ist es der Menschheit noch nicht gelungen (Gott sei Dank), unseren Kopf auf einen neuen Körper zu setzen. Was mit zunehmendem Alter zählt, ist Ihre innere Einstellung zu sich. Wenn Sie eine innere Zufriedenheit ausstrahlen, werden andere gerne mit Ihnen zusammensein wollen. Die Ironie des Lebens ist: je mehr wir mit uns selbst zufrieden sind und niemanden zum Wohlfühlen brauchen, desto mehr Menschen werden sich um uns bemühen.

• Wenn Sie mit einem Mann zusammen sind, zu dem Sie sich körperlich hingezogen fühlen, haben Sie genau wie der Mann das Recht, ihm Ihren Wunsch durch Worte oder Gesten mitzuteilen. Er hat das Recht, nicht darauf einzugehen. Das kann viele Gründe haben, weshalb er nicht darauf eingeht: Er könnte impotent sein, Angst vor Nähe haben, überarbeitet sein, an diesem Tag keine Lust haben, eher auf großbusigen, blonden Frauen stehen (während Sie klein und braunhaarig sind), schlechte Erfahrungen mit Frauen gemacht haben, usw.

Bitte verwechseln Sie seine Ablehnung nicht mit: „Das bedeutet, ich bin unattraktiv". Es gibt keine Frau, die für alle Männer attraktiv ist, und keinen Mann, der für alle Frauen attraktiv ist. Sie können nur attraktiv für jemanden sein, dessen Vorstellung Sie entsprechen. Eine Ablehnung durch einen anderen Menschen bedeutet lediglich, Sie entsprechen nicht seinen Vorlieben. Machen Sie sich deutlich: „Ich habe etwas anzubieten, ich habe Stärken und Schwächen, und werde nach Menschen suchen, die das zu schätzen wissen".

• Wenn ein Mann bzw. eine Frau Ihnen gegenüber den Wunsch äußert, mit Ihnen Sex haben zu wollen, und Sie wollen nicht oder noch nicht körperlich mit ihm zusammen sein, so haben Sie das Recht zu sagen: „Ich möchte nicht", oder „Das geht mir zu schnell. Ich brauche noch mehr Zeit, dich kennenzulernen".

Das Schlimmste, was dabei passieren könnte, ist, daß der andere denkt, Sie seien altmodisch oder schrullig. Das darf er von Ihnen denken. Ihr Gefühl danach, wenn Sie sich zu einem Abenteuer haben überreden lassen, ist erheblich unangenehmer. Jeder Mensch braucht unterschiedlich lange, bis er sich dem anderen gegenüber öffnen kann. Es gibt keinen "richtigen" Zeitpunkt. Wenn der andere nicht warten kann, bis Sie sich auch wohlfühlen bei der körperlichen Nähe, ist er nicht der Richtige. Er kümmert sich dann eher darum, was er kriegen kann, als darum, was Ihnen guttut.

• Erzählen Sie dem neuen Bekannten davon, daß Sie seit dem Tod Ihres Partners keinen sexuellen Kontakt mehr gehabt haben und nicht wissen, wie Sie reagieren werden. So nehmen Sie den Druck ein wenig von sich, "funktionieren zu müssen". Es ist möglich, daß Sie weinen, ununterbrochen an den Partner denken und Vergleiche ziehen oder vollkommen verspannt sind. Es ist aber auch möglich, daß Sie es genießen, gestreichelt zu werden und einen Orgasmus zu erleben. Ihre Devise muß lauten: „Was kommt, ist recht".

Lassen Sie sich Zeit, Sie werden wieder Nähe und Lust empfinden können. Vielleicht wird es nie mehr so sein wie mit Ihrem Partner, aber auf eine andere Art und Weise schön. Genau wie bei allen anderen Gemeinsamkeiten mit Ihrem verstorbenen Partner, die Sie in Ihrer Vollständigkeit nie mit einem anderen Partner erleben können, ist es auch im sexuellen Bereich. Einige Erfahrungen können Sie vielleicht wiederholen, einige werden für immer Vergangenheit bleiben und einige werden Sie nur mit dem neuen Partner verbinden. Der neue Bekannte muß Ihnen die Zeit lassen, sich mit seinem Körper, mit der neuen Situation und Ihren eigenen Reaktionen vertraut zu machen. Vielleicht klappt es am Anfang "nur", daß Sie Streicheln als schön empfinden und sich gegen alles weitere wehren. Auch das ist ein Gewinn. Der Gedanke, der Ihre Lust am meisten abtötet, ist: „Ich müßte jetzt ... der andere wartet doch ...". Meine Antwort lautet entschieden: Nein. Sie müssen überhaupt nichts! Ihr Körper braucht Zeit. Konzentrieren Sie sich auf Ihren Körper, auf jede einzelne Sinneszelle. Konzentrieren Sie sich darauf, wie sich der Bekannte bemüht, wie nett er ist. Dann wird sich schon etwas in Bewegung setzen.

• Viele Frauen, die an eine lange zärtliche Beziehung zum Partner gewöhnt waren, suchen diese zärtliche, romantische Erfahrung sehr bald nach dem Kennenlernen. Gelegentliche sexuelle Erfahrungen mit Männern können dann zu einem faden Geschmack "danach" führen. Wenn Sie sich danach vor sich selbst ekeln oder sehr unglücklich sind, daß dieser Mann sich nicht mehr meldet, dann ist diese Form der Sexualität nichts für Sie.

• Vermeiden Sie Alkohol vor dem sexuellen Zusammensein. Viele

Frauen und Männer trinken sich Mut an, um ihre Spannungen und Hemmungen vor dem sexuellen Zusammensein abzubauen. Dies ist jedoch kein hilfreicher Weg.

• Wenn Sie sich für den Weg entscheiden, keine sexuellen Kontakte mehr mit einem anderen Menschen einzugehen, so bleibt Ihr sexuelles Verlangen dennoch erhalten. Dann erlauben Sie sich bitte, sich selbst etwas Gutes zu tun und sich selbst zu befriedigen, wenn Ihnen danach ist. Dies kann einen sexuellen Kontakt nicht ersetzen, baut aber Ihre Spannungen ab und gibt Ihnen das Gefühl, Sie können etwas für Ihr Wohlbefinden tun. In dem Buch "For yourself" von Lonnie Garfield Barbach, das sich an Frauen richtet, können Sie mehr darüber erfahren.

Die Erinnerung an den Toten bewahren

Wenn Sie beginnen, Kontakte zu knüpfen und die körperliche Nähe zu einem Menschen zuzulassen, können Sie sich dennoch ein Plätzchen für die Erinnerung an den Verstorbenen bewahren. Vielleicht haben Sie ein Bild aufgestellt, vor das Sie immer eine frische Blume stellen. Vielleicht ist für Sie der Friedhof der Ort, an dem Sie die stärkste Verbindung zu Ihrem verstorbenen Partner verspüren. Sie brauchen jedoch, wenn Sie nicht möchten, keine äußeren Attribute. In Ihnen selbst lebt der Tote weiter, bis Sie sterben. Sie können ihn nicht verlieren, denn alle Erfahrungen mit ihm sind unauslöschlich in Ihren Gedanken und Bildern gespeichert. Sie können die Erinnerungen bewußt hervorholen, indem Sie Bilder anschauen, alte Briefe lesen, sich an die Orte begeben, an denen Sie mit ihm gemeinsam waren, auf den Friedhof gehen. Selbst wenn Sie gar nicht bewußt in Erinnerungen kramen wollen, werden Sie den Erinnerungen doch ab und zu begegnen. Immer dann, wenn Sie etwas erreicht haben, was Sie sich gemeinsam als Ziel ausgedacht haben, bei bestimmten Gerüchen, Klängen, in bestimmten Situationen, zu bestimmten Zeiten werden automatisch Gedanken an ihn auftauchen. Sie werden nicht mehr stark schmerzen, doch ein Stück Traurigkeit, Bedauern und Wehmut werden Sie schon verspüren.

Die Welt gehört Ihnen. Sie haben den Eindruck,
wieder daran teilzuhaben und Einfluß zu haben.
Sie sind kein Opfer des Schicksals,
sondern gestalten aktiv Ihr Leben.

- 11 -
Neues Lebenskonzept

„Mein Leben hat sich verändert -
ich habe mich verändert,
ich lebe bewußter,
einfühlsamer,
mit dem Wissen,
was wirklich von Bedeutung ist,
ich habe mich für das Leben entschieden."

Nun sind Sie auf dem Gipfel angekommen. Sie haben auf dem Weg zum Gipfel Erfahrungen gesammelt, die Sie Ihr ganzes weiteres Leben begleiten werden. Sie haben gelernt, Ereignisse anders zu bewerten. Vieles, was Sie früher aus der Fassung brachte, nehmen Sie heute ruhig zur Kenntnis. Vielleicht haben Sie auch entschieden, vieles, was Ihnen früher wichtig war, nicht mehr wichtig zu nehmen. Sie haben erlebt, daß Sie einen Verlust überleben können. Sie haben erfahren, daß der Schmerz mit der Zeit abnimmt. Sie haben erfahren, daß Sie den Verlust akzeptieren können. Sie haben erfahren, daß Ihr Körper und Ihre Seele langsam, aber sicher Ihre Wunden schließen.

Es wird niemals so sein, als ob nie eine Verletzung und Operation stattgefunden hätte, aber eine neue Haut hat sich über der Wunde gebildet. Die Wunde ist geschlossen und verheilt. Sie können stolz auf sich sein, diese Leistung vollbracht zu haben. Sie haben sich für das Leben entschieden und dafür, Ihrem Leben eine neue Chance abzugewinnen. Sie haben neue Selbstsicherheit und Stärke für sich gewonnen, auch wenn Sie den Anstoß zu dieser Arbeit nicht freiwillig gewählt haben. Sie können sich an neue Erfahrungen wagen. Sie empfinden Freude und Dankbarkeit für das, was Sie erlebt haben, und verspüren keine Bitterkeit, weil sich einige Wünsche nicht erfüllt haben. Sie sind frei für neue Erfahrungen. Sie können neue Menschen, neue Plätze kennenlernen, neue Ideen entwickeln und ausprobieren, neue Erfahrungen sammeln. Sie wissen jetzt besser Bescheid über Ihre Stärken und Schwächen. Sie können bewußter wählen, was Ihnen für Ihr weiteres Leben wichtig ist.

Viele Menschen wenden an dieser Stelle ein: „Aber wenn ich mich auf Neues einlasse, werde ich wieder so verletzt werden, werde ich wieder jemanden durch Tod verlieren, werde ich wieder einen Verlust erleiden". Ich kann darauf nur antworten: Vielleicht wird es so sein. Ich weiß es nicht. Das einzige, was ich weiß, ist, daß wir, wenn wir nichts wagen, wenn wir uns nicht einlassen auf Neues, wir auch nichts Neues erleben werden. Wir können nur wählen zwischen dem Risiko, Neues zu wagen und uns wieder einzulassen, oder Stehenzubleiben und der Sicherheit, nicht mehr enttäuscht zu werden. Und was ich noch sicher weiß, ist, daß Sie auch bei einem erneuten Verlust wieder die Fähigkeit und Kraft besitzen werden, den Verlust zu verkraften.

Sie werden Ihren toten Partner nie ersetzen können.
Es wird Neues an die Stelle rücken,
aber es bleibt etwas anderes.

Sie werden nie über die vergangene Erfahrung "hinwegkommen", denn hinwegkommen würde bedeuten, einen Teil Ihres Lebens zu streichen - auch Teile der Freude und des Ausgelassenseins mit dem Partner. Sie werden niemals mehr eine solch schmerzliche Erfahrung wie die des Verlustes ihres Partners erleben wollen. Doch wenn sie Sie dennoch ereilt, so können Sie das Vertrauen haben, sie bewältigen zu können. Vielleicht wünschen Sie sich immer noch, der Partner würde wieder in Ihr Leben kommen, aber mit einem Unterschied: Sie wissen, daß Sie auch ohne Partner leben können.

Ihnen stehen viele Möglichkeiten offen. Sie können sich dafür entscheiden, alleine zu leben. Das Leben als Single hat viele Vorteile:

- Sie haben die Freiheit, über Ihre Zeit und Ihre Ziele zu bestimmen.
- Sie haben die Freiheit, zu verreisen, neue Menschen kennenzulernen.
- Sie haben die Chance, Ihre eigenen Kräfte und Grenzen zu erfahren.
- Sie können den Lebensstil entwickeln, der optimal auf Ihre eigenen

Bedürfnisse zugeschnitten ist.

• Sie haben die Freiheit, die Wohnung nach Ihren Vorstellungen einzurichten, zu essen, was und wieviel Sie möchten, sich nach Ihrem Geschmack zu kleiden.

• Sie haben die Chance, zu lernen, sich alleine genug zu sein und sich selbst innere Zufriedenheit zu verschaffen, sei es durch das Verfolgen von Hobbies, durch neue berufliche Aufgaben oder durch eine ehrenamtliche Aufgabe.

Es wird jedoch auch Augenblicke geben, in denen Sie sich die Nähe eines anderen Menschen wünschen. Wenn Sie ganz ehrlich sind, hat es diese Momente jedoch auch während Ihrer Partnerschaft gegeben.

Sie können sich jedoch auch dafür entscheiden, nach einem neuen Partner Ausschau zu halten. Ich kann Ihnen nicht versprechen, ob Ihnen ein Mensch begegnen wird, mit dem Sie eine harmonische Partnerschaft aufbauen können. Alles, was Sie tun können, ist, der Welt zu zeigen, daß Sie offen sind für neue Bekanntschaften. Vielleicht finden Sie auch nur echte Freunde, zu denen Sie Vertrauen haben und sich austauschen können. Vielleicht wollen Sie auch ein neues Modell von Partnerschaft entwickeln, bei dem Sie nicht mehr mit dem Partner zusammenwohnen, sondern sich nur ab und zu treffen. Wenn Sie sich selbst akzeptieren, für wichtig halten und in jedem Augenblick Ihres Lebens den Augenblick so annehmen, wie er ist, werden Sie für Ihre innere Zufriedenheit sorgen.

Was auch immer geschieht, ich bin bereit,
den Augenblick so anzunehmen, wie er ist.
Was ich ändern kann, werde ich ändern.
Was ich nicht ändern kann, werde ich annehmen.

Was tun, wenn Sie noch nicht am Gipfel angekommen sind?

Vielleicht sind Sie auf dem Weg zum Gipfel an einem der Punkte steckengeblieben und haben den Eindruck, nicht alleine über diese Hürde zu kommen. Wenn seit dem Tod Ihres Partners mehr als ein Jahr vergangen ist und Sie den überwiegenden Teil der folgenden Feststellungen nicht bejahen können, dann empfehle ich Ihnen, einen Therapeuten oder eine Beratungsstelle aufzusuchen:

- Sie können den Verlust Ihres Partners als gegeben hinnehmen.
- Es gibt wieder Momente, in denen Sie unbeschwert lachen können.
- Sie sind wieder an anderen und der Umwelt interessiert.
- Sie kommen wieder Ihren beruflichen und privaten Verpflichtungen nach.
- Sie können über Ihren verstorbenen Partner reden, ohne heftig und lange zu weinen und starken Schmerz zu empfinden.
- Sie können sich wieder mit anderen Menschen treffen und beschäftigen.
- Sie erinnern sich sowohl an schöne, als auch an schmerzliche Erfahrungen mit Ihrem Partner.

Haben Sie den überwiegenden Teil der Feststellungen mit nein beantwortet? Dann wird es Ihnen gut tun, sich ein wenig Unterstützung von außen zu holen. Auch Sie werden Ihren Weg durch die Trauer vollenden können. Erinnern Sie sich an das Beispiel mit den beiden Bäumen aus Kapitel 2. Ihr Baum ist noch nicht wieder im Gleichgewicht, er braucht noch Stützung durch ein Gitter, bis er wieder fest verwurzelt ist. Er braucht vermehrt Pflege und Fürsorge, dann wird er gesunden und erstarken.

Es ist keine Schande und keine Schwäche, sich eine Begleitung für die Trauerarbeit zu suchen. Wenn Sie körperliche Beschwerden haben, werden Sie sich wahrscheinlich auch an einen Arzt wenden. Selbst wenn tausende anderer Menschen keine therapeutische Hilfe in Anspruch nehmen, ist das kein Maßstab für Sie. Niemand kann Ihre Trauer ermessen, und deshalb kann niemand außer Ihnen beurteilen, was Sie benötigen. Maßstab ist allein, wie Sie sich fühlen, und ob Sie sich gerne anders fühlen möchten.

Schlußwort

Wie ich gerade jetzt die letzten Zeilen dieses Buches schreibe, ist es Herbst. Die Blätter haben sich bereits verfärbt und die ersten Blätter fallen zur Erde. Herbst ist die Zeit des Jahres, in der wir uns dem Tod am nächsten fühlen. Vor meinem Fenster befindet sich ein Magnolienbaum. Ich liebe ihn besonders, weil er für mich der Inbegriff von Hoffnung ist. Sobald er die letzten Blätter verloren hat, bilden sich an seinen Ästen, bereits vor dem Winter, schon wieder die Knospen für die wunderschönen Blüten im Frühjahr. An ihm können wir den Kreislauf von Leben und Tod beobachten. Jedes Sterben macht Platz für ein neues Leben. Auch wir werden eines Tages Platz machen für neues Leben. Solange unsere Welt besteht, wird es diesen Kreislauf immer geben. Es gibt kein neues Leben ohne das Abschiednehmen.

Der Tod Ihres Partners hat Sie unmittelbar mit diesem Gesetz des Lebens in Berührung gebracht. Sie haben sich dagegen gewehrt, es anzunehmen. Es hat nichts geholfen. Sie haben lange gebraucht, bis Sie Frieden mit diesem Gesetz geschlossen haben - und ein manches Mal werden die alten Gedanken, warum die Welt nach einem solchen Gesetz lebt, Sie auch noch einholen. Sie haben aber auch an sich erlebt, daß der Tod in Ihnen neue Stärken wachsen ließ. Sie haben neue Talente an sich entdeckt, neue Menschen kennengelernt, neue Erfahrungen gemacht und sich eine neue Lebensperspektive eröffnet. Sie haben erkannt, daß Sie mutiger, zäher und wesentlich geduldiger sind, als Sie je gedacht haben. Sie haben erkannt, daß es nicht unbedingt darauf ankommt, viel an materiellen Dingen haben zu wollen und haben zu müssen. Sie wissen deutlicher, was Sie leisten können und was nicht, und wer Sie sind. Sie haben vielleicht entschieden, nur noch die Dinge zu tun, zu denen Sie wirklich Lust haben. Sie haben vielleicht entschieden, keine großen Pläne mehr zu machen, sondern mehr im Heute zu leben. Sie haben mehr Verständnis für andere entwickelt und fühlen sich ihnen mehr verbunden. Auch in Ihnen waren beim Tod des Partners schon die Knospen des Magnolienbaumes.

Ich wünsche Ihnen, daß Sie noch viele neue Fähigkeiten an sich entdecken und inneren Frieden und Harmonie finden werden. Sie sind nicht alleine. Sie machen eine Erfahrung, die alle Menschen machen.

Wenn Sie mir Ihre ganz persönlichen Erfahrungen mit Ihrer Trauer schreiben möchten oder mir mitteilen möchten, was Ihnen in diesem Buch geholfen oder gefehlt hat, ich würde mich sehr darüber freuen. Ich versichere Ihnen, Ihren Brief als etwas sehr Kostbares und Vertrauliches zu behandeln. Fühlen Sie sich von mir umarmt.

Ihre

Doris Wolf

Weiterführende Literatur aus dem PAL Verlag

Rolf Merkle: So gewinnen Sie mehr Selbstvertrauen
Rolf Merkle: Wenn das Leben zur Last wird
Rolf Merkle: Laß Dir nicht alles gefallen
Doris Wolf: Einsamkeit überwinden
Doris Wolf: Ängste verstehen und überwinden

Titel der Entspannungskassette: Tiefenentspannung nach Jacobson
ISBN 3-923614-69-1, PAL Verlag, Mannheim

Organisationen, die Ihnen zu Ihrer weiteren Unterstützung zur Verfügung stehen

Stellen, die Ihnen bei der Suche oder Gründung einer Selbsthilfegruppe behilflich sind:

Emotions Anonymous (EA)
Katzbachstr. 33, 10965 Berlin; Tel.: 030-7867984

Deutsche Arbeitsgemeinschaft Selbsthilfegruppen e.V.
Friedrichstr. 33, 35392 Gießen; Tel.: 0641-74503

Nationale Kontaktstelle zur Anregung und Unterstützung von Selbsthilfegruppen (NAKOS)
Albrecht-Achilles-Str. 65, 10709 Berlin; Tel.: 030-8914019

Verband für alleinstehende Mütter und Väter e.V.
Von-Groote-Platz 20, 53173 Bonn; Tel.: 0228-352995

Bundesverband Graue Panther e.V. Seniorenschutzbund
Greifswalder Str. 4, 10405 Berlin, Tel.: 030-2041229

Deutscher Paritätischer Wohlfahrtsverband (DPWV)
Heinrich Hoffmann Str. 3; 60528 Frankfurt; Tel.: 069-6706227

Deutsches Rotes Kreuz
Friedrich Ebert Allee 71, 53113 Bonn; Tel.: 0228-230023

Diakonisches Werk
Stafflenbergstr. 76, 70184 Stuttgart; Tel.: 0711-2159465

Arbeiterwohlfahrt Bundesverband e.V.
Postf. 410163, 53023 Bonn; Tel.: 0228-66850

Malteser Telefonberatung
Tel.: 0221-9822222 (Informationen über Verbände und Initiativen)

Schweiz
KOSCH Koordination der Selbsthilfegruppen in d. Schweiz
Laufenstr. 12, 4053 Basel, Tel.: 0848810814, www.kosch.ch

Österreich
SIGIS Service- und Informationsstelle für Gesundheitsinitiativen und Selbsthilfegruppen, Mariahelferstr. 176/8, 1150 Wien

Einrichtungen, die sich auf Trauerbegleitung spezialisiert haben

Internat. Gesellschaft für Sterbebegleitung und Lebensbeistand e.V.
Zeppelinstr. 6, 55384 Bingen; Tel.: 06721-10328, www.igsl-hospiz.de

Trauerwege:
Beratung und Begleitung für Menschen in Verlust- und Krisensituationen e.V.
Breite Str. 21, 55124 Mainz, Tel.: 06131-231100

Omega : Mit dem Sterben leben e.V.
Postfach 1407, 34334 Hann.-Münden, Tel.: 05541-4881

Tabu e.V.
Tiegelstr. 23, 45141 Essen; Tel.: 0201–328777

Sekis Selbsthilfe Kontakt-und Informationsstelle "Verwaiste Eltern"
Albrecht Achilles Str. 65, 10709 Berlin; Tel.: 030-8926602

Evangelische Akademie Nordelbien
Zentrale für bundesweite Selbsthilfegruppen verwaister Eltern
Esplanade 15, 20354 Hamburg, Tel.: 040-3550560

Trauerwerkstatt
Maiblumenstr. 68, 47229 Duisburg, Tel.: 02065-702050

Schweiz:
Edith Bühler Jud
Rotbuchstr. 24, CH 8037 Zürich; Tel.: 01- 3616767

Adressen zur beruflichen Weiterbildung

Deutscher Hausfrauenbund
Coburgerstr. 19, 53113 Bonn

Verein zur beruflichen Förderung von Frauen e.V.
Kasseler Str. 1a, 60486 Frankfurt/M.

Anschrift der Autorin

Dr. Doris Wolf, Am Oberen Luisenpark 33, 68165 Mannheim

Verschenktexte

Doris Wolf/Rolf Merkle
Verschreibungen zum Glücklichsein
ISBN 3-923614-04-7

Doris Wolf/Rolf Merkle
Kraftquellen für den Alltag
ISBN 3-923614-51-9

Shad Helmstetter
Anleitung zum Positiven Denken
ISBN 3-923614-28-4

Rolf Merkle
Auch Du kannst mehr aus Deinem Leben machen
ISBN 3-923614-16-0

Start in ein neues Lebensgefühl

Schenken Sie uns 5 Minuten Ihrer Zeit?

Liebe Leserin, lieber Leser,

um Sie und andere Leser auch in Zukunft optimal unterstützen zu können, benötigen wir Ihre Mithilfe. Beantworten Sie bitte die nachfolgenden Fragen. Ihre Antworten sollen uns helfen, unsere Bücher noch mehr auf die Wünsche und Bedürfnisse unserer Leser abzustimmen. **Am Ende jedes Monats verlosen wir unter allen Einsendern dieses Fragebogens 10 Dankeschön-Preise (Telefonkarten unseres Verlages, Postkarten mit positiven Gedanken, usw.) Ein Anspruch auf einen bestimmten Gewinn besteht nicht. Der Rechtsweg ist ausgeschlossen.**

1. Welches Buch haben Sie gelesen? Bitte Titel angeben.

2. Was gefällt Ihnen am besten daran?

3. Was stört Sie am meisten?

4. Was könnte man Ihrer Meinung nach verbessern?

5. Ist der Text so gestaltet, daß man ihn gut lesen kann?

6. Was hat Ihnen am meisten geholfen?

7. Kennen Sie ein anderes Buch zum gleichen Thema, das Ihnen mehr geholfen hat bzw. besser gefällt? Wenn ja, bitte Titel und Autor nennen.

8. Benötigen Sie noch weitere Hilfestellungen? Wenn ja, welcher Art?

9. Wie oder durch wen sind Sie auf dieses Buch gestoßen?

10. Würden Sie ein Seminar zu dem Thema dieses Buches besuchen, wenn es vom Autor dieses Buches angeboten würde?

Trennen Sie diese Seite bitte aus dem Buch heraus und schicken sie an uns.

Vorname .... Name ....

Straße ....

PLZ/Ort ....

Ihre Angaben werden streng vertraulich behandelt und dienen nur der Verbesserung unserer Bücher. Nach Auswertung wird dieser Fragebogen vernichtet.

PAL Verlagsgesellschaft • Am Oberen Luisenpark 33 • 68165 Mannheim
Tel.: 0621-415741 • Fax: 0621-415101